T0383416

The **art** side of **Kartell**

PALAZZOREALE

The art side of Kartell

SKIRA

In copertina / Cover
Fra gli alberi, Stefano Arienti, 2015

Progetto grafico / Design
Studio Laviani

Redazione / Copy Editing
Silvia Carmignani
Sara Marchesi

Impaginazione / Layout
Paola Ranzini Pallavicini

Traduzioni / Translations
Jeffrey Jennings (dall'italiano all'inglese /
from Italian to English), Lidia Filippone
(dall'inglese all'italiano / from English
to Italian) per / for Language Consulting
Congressi - Milano
Gordon Fisher, Traduzioni Liquide,
Glasgow

Crediti fotografici / Photo Credits
© Ataru Sato Courtesy of KOSAKU
KANECHIKA, Tokyo: p. 97
© The artist. Courtesy Campoli Presti,
London / Paris: pp. 78-79
© The artists. Courtesy Gallery Meyer
Kainer, Vienna: p. 104
Gae Aulenti: pp. 128 in basso / bottom
Bruno Aveillan: p. 66
Aldo Ballo, "Vogue Italia", 1969: p. 40
Gabriele Basilico: pp. 154-155
Valerio Castelli: p. 126
Conformi: pp. 108, 109
Courtesy Galerie Buchholz,
Berlin/Cologne/New York
© Isa Genzken VG Bild-Kunst,
Bonn / SIAE, 2019: pp. 56, 59, 60-61, 65
Courtesy Immaginazione S.r.l.: pp. 54, 93
Courtesy KartellMuseo: pp. 28, 31, 34,
36-37, 39, 44, 46, 49, 51, 88, 89, 91, 92, 94,
107, 110, 124, 125, 130-131, 137, 140, 141,
146, 152, 153
Courtesy RBC Montpellier, Helenis: p. 133
Courtesy Ron Arad and Associates Ltd:
p. 123
Don Cunningham: pp. 72, 80-81, 142, 143
Maurizio Galimberti: pp. 42-43
Giovanni Gastel: pp. 41, 114-115
Giovanni Gastel and Uberto Frigerio:
pp. 120-121
Massimo Giacon: pp. 144-145
Morten Norbye Halvorsen: p. 50
Nelly Hoffmann: p. 103
iStock by Getty Images: p. 82
Kirsten Kilponen: pp. 98-99
David LaChapelle: p. 85
Karl Lagerfeld: p. 113
Armin Linke: p. 75
Massimo Magri: pp. 128 in alto / top, 129
Jean-Baptiste Mondino: p. 90
Helmut Newton: pp. 86, 87
Riccardo Paratore: p. 77
Photo archive HZ: p. 148, 151
Kristina Savutsina: pp. 100-101
tokidoki: pp. 138, 139
Ellen von Unwerth: p. 45
Bruce Weber: p. 53

Le immagini alle pagine / The images on
pages 45, 53, 72, 75, 80-81, 85, 86-87, 90,
113, 142, 143, sono tratte da / are taken
from *kARTell. 150 Items. 150 Artworks*, 2002,
un progetto a cura di / a project curated by
Franca Sozzani e / and Luca Stoppini.

First published in Italy in 2019 by
Skira editore S.p.A.
Palazzo Casati Stampa
via Torino 61
20123 Milano
Italy
www.skira.net

Printed and bound in Italy. First edition

ISBN: 978-88-572-4115-9

Distributed in USA, Canada, Central &
South America by ARTBOOK | D.A.P. 75,
Broad Street Suite 630, New York, NY
10004, USA.
Distributed elsewhere in the world by
Thames and Hudson Ltd., 181A High
Holborn, London WC1V 7QX, United
Kingdom.

Finito di stampare nel mese di aprile 2019
a cura di Skira editore, Milano
Printed in Italy

Kartell ringrazia Ferruccio Laviani
e Rita Selvaggio per la curatela della
mostra, il comitato scientifico, gli artisti,
gli autori, i fotografi e tutti coloro che
a vario titolo hanno contribuito alla
realizzazione di "The art side of Kartell" /
Kartell would like to thank Ferruccio
Laviani and Rita Selvaggio for curating the
exhibition, the advisory board, the artists,
the authors, the photographers and all those
who in various capacities have contributed
to *The art side of Kartell*.

Grazie a / Thanks to

Ron Arad
Dan Bates, Milton Glaser, Inc
Bianca Boscu, Elena De Leo,
Galerie Campoli Presti, Parigi
Katharina Forero, Galerie Buchholz,
Berlino - Colonia - New York
Giovanni Gastel
Julian Inic, Galerie Meyer Kainer, Vienna
Giulietta Innocenti, Galleria Gentili,
Firenze
Clodagh Latimer, Caroline Thorman – Ron
Arad and Associates Ltd
Jonty Lees
Bertie Makepeace Lees
Sylvie Lesieur
Sara Magi e Claudia di Martino, Biblioteca
del Progetto – Triennale di Milano
Lauren Mirsky, tokidoki
Alfie Mitchell-Gillespie
Mario Paglino, Magia 2000
Esther Quiroga, Giulia Tiraboschi,
GiòMARCONI, Milano
Martyn Ridgewell
Kadee Robbins, Gordon VeneKlasen,
Michael Werner Gallery, New York
e Londra
Mattia Ruffolo
Laura Salvo, Federico Vavassori, Galleria
Federico Vavassori, Milano
Deborah Schamoni, Monaco
Eleonora Schiavoni, Victoria Licensing
& Marketing
Bill Scott
Oliver Scott
Luca Stoppini
Davide Stucchi
Elena Testa, Archivio Nazionale Cinema
d'Impresa – CsC, Ivrea
Yuki Tintori, Fornasetti press office,
Immaginazione S.r.l.
Rowland Warboys

*per il restauro delle opere / for the restoration
of the works*

Nicola Battista, Sartoria Milano
Renata Knes, Studio Knes
Fabiano Morassutti, FX Model
Emanuele Moro, Promet
Massimo Spadini, V.P.I.

Kartell inoltre ringrazia in modo particolare
tutti i dirigenti, dipendenti e collaboratori
che in questi anni hanno dedicato il proprio
lavoro all'azienda consentendo al marchio
di raggiungere eccellenti risultati. Anche
grazie al contributo diretto o indiretto di
ciascuno è stato possibile realizzare la
mostra e il catalogo "The art side of
Kartell".

Kartell would also like to extend a vote of
thanks to all of the managers, employees
and partners who have contributed over the
years to enabling the brand to achieve such
excellent results. It is thanks also to the
direct (or indirect) input of each of them
that we have been able to produce the
exhibition and the catalogue showcasing
The art side of Kartell.

Ferruccio Laviani ringrazia / thanks

Roberta Bonaiti
Massimo De Carlo
Piera Gianini
Andrea Zegna

L'azienda ringrazia tutti i fotografi,
gli artisti e i personaggi che hanno voluto
far dono del loro tempo e della loro
creatività nell'ambito del progetto digitale
K70PLay, curato da Luca Stoppini, a favore
della Fondazione Francesca Rava, che
Kartell supporta con il finanziamento
di 7 borse di studio per giovani studenti
universitari dell'America Latina che
svilupperanno ricerche e studi sul tema
della sostenibilità ambientale.

The company thanks all the photographers,
artists, and others who generously donated
their time and creativity to the *K70PLay*
Digital Project curated by Luca Stoppini on
behalf of the Francesca Rava Foundation,
for which Kartell funds 7 scholarships for
Latin American university students whose
academic and artistic focus is environmental
sustainability.

PALAZZO REALE

Kartell

Sindaco / Mayor
Giuseppe Sala

Assessore alla Cultura / Councillor for Culture
Filippo Del Corno

Direttore Cultura / Director for Culture
Marco Edoardo Minoja

Ufficio stampa / Press Office
Elena Conenna

Direttore / Director
Domenico Piraina

Coordinamento mostra / Exhibition Coordinator
Roberta Ziglioli

*Responsabili Organizzazione e Amministrazione / Heads
of Organization and Administration Department*
Giovanni Bernardi
Simone Percacciolo

Conservatore / Curator
Diego Sileo

Organizzazione / Organization
Giuliana Allievi
Luisella Angiari
Filomena Della Torre
Claudio Grillone
Christina Schenk
Giulia Sonnante

*Ufficio progettazione, conservazione e tutela / Conservation
and Protection Planning*
Annalisa Santaniello
Andrea Passoni
Roberto Solarino

Coordinamento amministrativo / Administration Coordination
Antonella Falanga

Amministrazione / Administration
Roberta Crucitti
Laura Piermattei
Sonia Santagostino
Luisa Vitiello

Coordinamento eventi / Events Coordination
Silvana Rezzani

*Responsabile Coordinamento Tecnico / Head of
Technical Department*
Paolo Arduini

Coordinamento tecnico / Technical Coordination
Luciano Madeo
Giuseppe Marazia
Lorenzo Monorchio
Gabriella Riontino

*Responsabile Comunicazione e Promozione / Head of
Communication and Promotion Department*
Luciano Cantarutti

*Comunicazione e Promozione / Promotion
and Communication*
Francesca La Placa
Antonietta Bucci

Comunicazione visiva / Visual Communication
Dalia Gallico
Art Lab

Assistenza Operativa / Operational Assistance
Marino Canzi
Luciana Sacchi
Rita Trino

Servizio Civile Nazionale / National Civil Service
Andrea Luca Arini
Sara Dellagioia
Martina Marchese

Servizio Custodia / Security
Corpo di guardia Palazzo Reale

Si ringrazia / Thanks to
Paolo Daffara

Presidente / President
Claudio Luti

Direttore Marketing / Marketing Director
Lorenza Luti

*Direttore Comunicazione e Progetti Speciali / Communication
Director and Special Projects*
Raffaella Pollini

Curatore / Curator KartellMuseo
Elisa Storace

Questo volume è stato realizzato in occasione
della mostra / This book has been published
on the occasion of the exhibition
"The art side of Kartell"
Milano, Palazzo Reale
10 aprile / April – 12 maggio / May 2019

Mostra a cura di / Exhibition curated by
Ferruccio Laviani
Rita Selvaggio

Comitato scientifico / Scientific Committee
Francesco Bonami
Philippe Daverio
Giovanni Gastel

*Progetto Allestimento e immagine grafica / Set-up Project
and Design*
Studio Laviani

*Coordinamento Produzione mostra / Exhibition
Production Coordination*
Cecilia Biasi
Nicola Castelli

Ufficio stampa / Press Office Kartell
Matteo Ruffo
Sara Tansini

Allestimento / Set-up
Benfenati Allestimenti
Neon Stella

*Progetto e realizzazione Illuminotecnica / Lighting Project
and Design*
Pixie Sound

Visite gruppi / Group Visits
Ad Artem

Progetto percorso Didattico Kids / Educational Project Kids
Artkids
Burabacio

Con il Patrocinio di / Under the Patronage of
Ministero per i Beni e le Attività Culturali
Regione Lombardia

Celebrare i settant'anni di Kartell è un'occasione molto importante per me e per tutta la mia famiglia, a partire dai miei figli Lorenza e Federico, che mi affiancano nella gestione dell'azienda, e mia moglie Maria, che, pur non essendo coinvolta direttamente in azienda, ha vissuto con i suoi genitori Giulio Castelli e Anna Ferrieri la fondazione del marchio e le tappe strategiche della sua storia. Nel nostro quotidiano sappiamo di avere il dovere di alimentare, oltre che custodire, un patrimonio di memoria di Kartell che si è continuamente evoluto in corrispondenza dei cambiamenti sociali e di costume di questi 7 decenni e che KartellMuseo ospita. Celebrare i settant'anni, però, per me significa anche guardare al futuro e avere occasioni per progettare nuovi capitoli che dovranno segnare inediti cambiamenti senza mai rinnegare la natura del marchio. Il lavoro di questi anni ha portato Kartell in giro per il mondo e ogni giorno siamo impegnati per cercare di combinare bellezza del design con innovazione e tecnologia, cultura con industria.

Quando abbiamo iniziato a pensare alla celebrazione del nostro anniversario abbiamo prima definito il luogo, Milano, Palazzo Reale, e il periodo in corrispondenza con il Salone del Mobile. Tre elementi simbolici per Kartell. Kartell è Milano. Ringrazio dunque il sindaco Giuseppe Sala, l'assessore Filippo Del Corno e il direttore Domenico Piraina che ci hanno accolti. E proprio dal luogo è nata l'idea di Ferruccio Laviani che si è poi sviluppata e tradotta in una mostra.

Con la mostra "The art side of Kartell" abbiamo voluto portare a Palazzo Reale un progetto che abbia una prospettiva aperta, che indaga la relazione tra Kartell e il mondo dell'arte. Un mondo che si è sempre, fin dagli esordi, avvicinato al marchio ed è proprio di questa relazione che la mostra si occupa grazie al lavoro dei curatori, essendo l'evoluzione dell'arte, per certi versi, speculare all'evoluzione di Kartell. Credo sia importante mantenere viva questa relazione che un po' ci caratterizza e che ci stimola a pensare a oggetti che oltre alla funzione possano diventare espressione di progettualità di secondo livello, oggetto di altra creatività qualunque sia la tecnica utilizzata, dalla fotografia alla pittura, dalla scultura alla installazione o performance.

Claudio Luti
Presidente Kartell

Celebrating Kartell's 70th anniversary is a very important occasion for me and my entire family, starting with my children Lorenza and Federico, who support me in the management of the company, and my wife Maria, who, although not directly involved in the business, experienced the founding of the brand and all the major milestones of its history with her parents Giulio Castelli and Anna Ferrieri. Every day, we are mindful of our duty to nurture and preserve the legacy and the memory of Kartell, which have continuously evolved in line with the social changes of these 7 past decades, and which KartellMuseo now hosts. To me, however, celebrating 70 years also means looking to the future and welcoming the opportunity to write new chapters that will reflect new changes yet to come, without ever compromising the core values of the brand. The work of these years has taken Kartell around the world, and every day we work to try to combine the beauty of design with innovation and technology, culture with industry.

When we started thinking about how to celebrate our anniversary, we first thought about the place and time: Milan, Palazzo Reale, during the period of the Salone del Mobile. Three symbolic elements for us. Kartell is Milan. I therefore thank Mayor Giuseppe Sala, Councillor Filippo Del Corno and the Director of Palazzo Reale Domenico Piraina, who welcomed our proposal. And it was from that place that Ferruccio Laviani's idea was born, and then developed and translated into an exhibition.

With *The art side of Kartell* we wanted to bring to Palazzo Reale a project with an open perspective, investigating the relationship between Kartell and the art world. A world that has always been, from the very beginning, close to the brand. And it is precisely this relationship that the exhibition explores, through the work of the curators, as the evolution of art in many ways mirrors that of Kartell.

I believe it is important to keep this relationship alive, as it both characterises and stimulates us to create objects that, in addition to their function, can become an expression of second-level design, and become themselves the object of other forms of creativity, no matter the medium, from photography and painting to sculpture, installation and performance.

Claudio Luti
President of Kartell

In occasione della Milano Design Week 2019 Palazzo Reale offre al pubblico una mostra-evento che celebra il settantesimo anniversario di Kartell: un'azienda che ha fatto la storia del Made in Italy e del design italiano. Lo stile Kartell è entrato nelle case immediatamente dopo la seconda guerra mondiale, trasformando l'estetica e il gusto di milioni di consumatori. Il design italiano ha insegnato la compatibilità tra arte e produzione seriale, anticipando di decenni connessioni e sinergie che sono oggi alla base dell'estetica progettuale. L'ambiente casa è stato rivoluzionato grazie a linee di ispirazione inedite fino ad allora, e oggi pienamente integrate nella produzione seriale: essenzialità, gusto, funzionalità e oggi anche sostenibilità ambientale. Di questa rivoluzione Kartell è stata protagonista: la rassegna racconta 7 decenni di innovazione ma anche di storia sociale italiana. Un appuntamento che completa e arricchisce il palinsesto della Design Week e che consente di capire il "backstage" imprenditoriale da cui nascono gli oggetti che ci fanno giustamente sognare.

Giuseppe Sala
Sindaco di Milano

In conjunction with Milan Design Week 2019, Palazzo Reale is offering a public exhibition-event to celebrate the 70th anniversary of Kartell: a company that is synonymous with the history of Italian design and manufacturing. The Kartell style first entered the homes immediately after World War II, transforming the aesthetics and taste of millions of consumers. Italian design has demonstrated the compatibility between art and mass production, anticipating by decades the sort of connections and synergies that underpin today's design aesthetics. The home environment has been revolutionised thanks to forms of inspiration unheard of until then, and now fully integrated into mass production: minimalism, taste, functionality and today also environmental sustainability. Kartell has been at the forefront of this revolution: the exhibition encapsulates 7 decades of innovation, but also of Italian social history. It is an event that complements and enriches the Design Week schedule and allows us to glean an understanding of what goes on behind the scenes of a company that produces objects that make our dreams come true.

Giuseppe Sala
Mayor of Milan

Palazzo Reale ospita il racconto di settant'anni di Kartell, impresa protagonista nel design e nella cultura del progetto che ha sempre sviluppato una relazione molto significativa con il mondo dell'arte e del pensiero creativo.

L'Appartamento dei Principi del Palazzo ritorna così alla sua originaria veste di casa, che viene riallestita e ripensata attraverso la presenza di elementi di design attuale, trasformando gli ambienti in parte fondamentale del progetto di allestimento.

Palazzo Reale accoglie un momento di confronto tra arte e design, creatività e produzione, in occasione del periodo del Salone del Mobile, in un'ottica di continuità con l'offerta culturale che la città di Milano offre a tutti coloro che ne vogliono comprendere la plurale molteplicità.

Filippo Del Corno
Assessore alla Cultura
Comune di Milano

Palazzo Reale is playing host to the story of 70 years of Kartell, a company on the cutting-edge of design and planning culture, which has always fostered meaningful relationships with the world of art and creative thinking.

The royal palace's "Appartamento dei Principi" is thus returned to its original incarnation as a home, albeit reimagined and recast through the presence of modern-day design elements, transforming the spaces themselves into an essential part of the exhibition.

Palazzo Reale affords, then, an opportunity for art, design, creativity and manufacturing to come together, in parallel with the Salone del Mobile, with a view to achieving continuity with the cultural offering that the city of Milan lays on for all those who want to get a handle on its myriad different sides.

Filippo Del Corno
Councillor for Culture
City of Milan

Una grande istituzione culturale, soprattutto nella particolare e specifica esperienza italiana, si nutre dei rapporti con il territorio. Appare fin troppo ovvia la constatazione che tra la cultura e la città vi sia un rapporto simbiotico in virtù del quale la città, organismo vivo in perenne dinamismo, senza la cultura si riduce a una mera espressione con una debole personalità e con finalità confuse, ma la cultura senza la città diventa uno sterile e autoreferenziale esercizio intellettualistico.

Un'istituzione culturale deve pertanto saper interpretare, oltre che se stessa, anche il contesto in cui svolge la propria attività. A me pare che questo approccio, valido in molti contesti, sia assolutamente necessario in una città dinamica, composita, plurale come Milano, la cui cifra è influenzata da ambiti creativi che ne hanno determinato la personalità e la reputazione internazionale. Non solo l'arte dunque, ma anche la moda, il design, l'editoria, il teatro, la musica, l'alto artigianato, la comunicazione, la pubblicità, la cultura d'impresa, in altre parole tutto quello che, a diverso titolo, trova il minimo comune denominatore nella creatività.

Milano è dunque anche le sue imprese, le quali, soprattutto nell'era della globalizzazione, diffondono nel mondo competenze, intraprendenza, abilità, innovazioni, invenzioni che hanno trovato in questo territorio un humus particolarmente fertile perché costantemente alimentato da un rapporto diretto e vitale con la nostra grande arte.

A loro volta, le aziende che sanno riflettere sulla storia e sull'identità di un territorio, sanno riflettere su se stesse, sulla loro storia, sui loro protagonisti e da questa memoria traggono linfa vitale per rispondere alle continue e sempre più accelerate sfide globali senza perdere la loro identità storica: in questi casi la tradizione e quindi lo sguardo sul proprio passato diventano un asset strategico che si traduce in un notevole vantaggio competitivo.

Un'ottima testimonianza di questo modo "culturale" di pensarsi è rappresentata dai musei d'impresa realizzati da quelle aziende che percepiscono se stesse non solo come soggetti economico-sociali ma anche culturali.

Uno degli esempi di maggiore rilievo è la Kartell, che venti anni or sono inaugurò il proprio museo d'impresa ma che già all'inizio degli anni settanta poteva vantare l'indubbio prestigio di vedere esposte al MoMA alcune sue produzioni.

In questa fase storica, caratterizzata da una galoppante estetizzazione del mondo e da una creatività talmente diffusa che alcuni addirittura arrivano a definire l'epoca attuale "imperialismo creativo", in un momento in cui i confini tra arte e design, pur da sempre connessi – si pensi agli scritti di John Ruskin e di William Morris o alle avanguardie storiche come il futurismo, il costruttivismo, l'Art Nouveau, il Bauhaus –, oggi divengono

A major cultural institution, especially in the particular, specific Italian experience, feeds off its relationships with the local area. It appears all too obvious to assert that between culture and the city there is a symbiotic relationship, whereby the city – a living, perennially dynamic organism – is reduced, in the absence of culture, to a mere expression, with a feeble character and a muddled purpose; for its part, without the city, culture becomes a sterile, self-referential intellectual exercise.

A cultural institution must, therefore, have the wherewithal to interpret, over and above itself, also the context in which it goes about its business. It seems to me that this approach, valid in so many different contexts, is absolutely necessary in a dynamic, composite, plural city like Milan, whose soul is influenced by the creative scenes that have been instrumental in defining both its personality and its international reputation – not just art, but fashion, design, publishing, theatre, music, high-level craftsmanship, marketing, advertising and business culture. In other words everything that, in various capacities, is connected with and has its common denominator in creativity.

Milan, then, also encompasses its businesses, which – in the era of globalisation, more than ever before – disseminate throughout the world a whole host of skill sets, initiatives, innovations and inventions that have found in this part of Italy some extremely fertile soil, forever renewed by a direct, vital relationship with our great art.

For their part, the companies that know how to reflect on the history and identity of their local area, also have what it takes to reflect on themselves, on their history, on their driving forces and it is from this sense of memory that they draw the life blood to respond to the constant and constantly accelerating global challenges, without losing their time-honoured identity: in these cases, their sense of tradition and thus the perspective on their own past become a strategic asset that translates into a substantial competitive advantage.

An excellent testament to this "cultural" mode of thinking is constituted by the "company museums" set up by those businesses that view themselves not only as economic and social entities, but also as cultural forces.

One of the highest-profile examples is Kartell, which twenty years ago now opened its own company museum, but which, as far back as the early 1970s, was already benefitting from the undoubted prestige of seeing some of its products on display at MoMA.

In this historical moment, characterised by the breakneck aestheticisation of the world and by such widespread creativity that some are even calling the current epoch one of "creative imperialism", in a phase in which the borderlines between art and design – albeit always blurred, think for instance of the writings of John Ruskin and William

sempre più stringenti e quasi, in una certa misura, indistinguibili, si comprende bene il ruolo pressoché avanguardista esercitato da Kartell, che ha ben compreso che sempre più la contemplazione e il consumo si intrecciano in una esperienza che potremmo definire sinestetica, dal momento che la bellezza può essere goduta simultaneamente alla soddisfazione di scopi pratici.

Per tutte queste ragioni, quando incominciai a dialogare con Claudio Luti sul modo migliore di celebrare i settant'anni di Kartell, mi permisi di suggerire che la risposta poteva rinvenirsi in un esercizio della memoria, ma non tanto in quella delle innumerevoli e notissime produzioni quanto in quella delle influenze culturali che erano alla base della progettazione delle produzioni, in quella dei rapporti con la cultura artistica di cui erano imbevuti i designer.

E già il titolo di questo progetto, che pone in evidenza la parola "art", è una chiara dimostrazione che l'idea originaria è stata perseguita con coerenza.

Domenico Piraina
Direttore del Palazzo Reale

Morris, or of the historical avant-garde movements such as Futurism, Constructivism, Art Nouveau or Bauhaus – are today becoming even more overlapped and almost impossible to identify, it is not difficult to comprehend the cutting-edge role played by Kartell, which has always understood that contemplation and consumption are intertwined in an experience that we could go so far as to define "synaesthetic", given that beauty can be savoured in parallel with the fulfilment of practical objectives.

For all of these reasons, when I started talking to Claudio Luti about the best way to celebrate Kartell's 70th anniversary, I posited the idea that the answer could perhaps lie in a memory-based exercise, focusing not so much on recollections of the company's innumerable, highly lauded products, but rather on the cultural influences that underpinned the design of those products and the relationships with the artistic milieux into which the designers were thoroughly immersed.

And indeed, the very title of this project, which foregrounds the word "art", is a clear demonstration of how the original idea has been coherently pursued.

Domenico Piraina
Director of the Palazzo Reale

SOMMARIO / CONTENTS

THE ART SIDE OF KARTELL

Da molto tempo volevo realizzare questa esposizione e quando Claudio Luti nell'ottobre 2018 mi ha comunicato, nel corso del rituale meeting del mercoledì in Kartell, la disponibilità dell'Appartamento dei Principi a Palazzo Reale durante il Salone del Mobile dell'aprile 2019 e mi ha chiesto di trovare un'idea appropriata alla location, mi è sembrato che fosse giunto il momento giusto per concretizzare questo progetto.

Nel 1994 Claudio decise di catalogare tutto quello che era presente nei vari archivi aziendali e preservare così il più possibile la storia di Kartell. Per quasi tre anni ci mettemmo a guardare, catalogare, fotografare, dividere, ricostruire cronologicamente tutto quello che si era prodotto dal 1949 ad allora. Lavoro gigantesco e impossibile da realizzare senza la memoria storica del fondatore, l'ingegner Giulio Castelli, che con la sua lucidità rese quel lavoro infinito meno pesante aiutandomi soprattutto a dare un ordine a tutto il materiale.

Da lì nacque il database che servì un paio d'anni più tardi come traccia su cui iniziai il progetto del KartellMuseo che, grazie alla visione lungimirante di Claudio in un periodo in cui non si parlava di musei d'impresa, raccolte o fondazioni, fu assolutamente innovativo e precursore, facendo guadagnare a entrambi il Premio Guggenheim per il miglior museo d'impresa.

Anche se la realizzazione del database potrebbe sembrare slegata dal progetto "The art side of Kartell" non lo è affatto perché durante la sua compilazione scoprii ed ebbi accesso a una sorta di "mondo parallelo" di opere e prodotti (spesso prototipi) che portavano firme di nomi prestigiosi come Pio Manzù, Nanda Vigo, Agenore Fabbri, Ugo Mulas, Milton Glaser, Lucio Fontana facendomi capire come un certo gruppo di industriali, architetti, grafici, artisti e pensatori milanesi, incrociandosi avessero dato vita (anche) al design milanese e che sarebbe diventato qualche anno più in là quello che tutti avrebbero conosciuto sotto il nome di Italian Design.

Inoltre nel 2001, con la realizzazione del libro *kARTell* con "Vogue Italia" curato da Franca Sozzani e Luca Stoppini, coinvolgendo i più grandi fotografi di moda e d'arte e artisti contemporanei, cominciai a stilare un elenco più completo di opere che riguardavano Kartell e questo elenco è stato il punto di partenza di "The art side of Kartell". Di seguito è il testo che inviai a Claudio Luti all'inizio del dicembre 2018 per convincerlo (e ci riuscii) dell'ottima opportunità per l'azienda, attraverso questa esposizione, di comunicarsi in modo diverso e più completo e far capire che dietro un'azienda c'è molto più di un materiale o di un design. Ci sono interferenze, contatti, scambi, culture, discussioni, simbiosi, qualcosa che va oltre l'aspetto estetico e che ha un nome ben preciso: si chiama Cultura.

"The art side of Kartell"

Raccontare settant'anni di Kartell è raccontare settant'anni di storia, cultura e costume non solo italiano ma di un mondo che nel tempo si è sempre più aperto alla conoscenza ed è divenuto più piccolo per distanza e facilità di relazione tra gli individui.

Oggi, attraverso l'intera produzione Kartell, possiamo vedere come in uno specchio i cambiamenti della nostra società durante 7 decenni: oggetti come la lampada *KD 51/R* di Achille e Pier Giacomo Castiglioni, i *Componibili* di Anna Castelli Ferrieri o la *Louis Ghost* di Philippe Starck raccontano in modo quasi "giornalistico" il modernismo del dopoguerra, la rivoluzione giovanile degli anni sessanta e la riscoperta della filosofia borghese di inizio millennio e lo fanno attraverso la forma e l'evoluzione della tecnologia.

È stato perciò del tutto naturale che Kartell e il design, quest'ultimo come forma espressiva, siano entrati in contatto direttamente o indirettamente con altri linguaggi, non ultimo quello dell'arte in tutte le sue declinazioni, ed è proprio questa la relazione di cui vogliamo occuparci essendo l'evoluzione dell'arte per certi versi speculare all'evoluzione di Kartell.

La fine degli anni quaranta portava con sé un intero retaggio storico di tecniche e stili che si riflettevano nell'arte di allora con artisti che si esprimevano ancora attraverso l'olio su tela cercando nella sperimentazione compositiva linguaggi più contemporanei adatti a un presente infervorato dalla voglia di fare, creare, innovare.

Kartell dal 1950 si cimenta nei primi prodotti seriali: portapacchi, secchi, vasini per bambini, nulla che esca dagli schemi ma saldamente legati alla funzione e stilisticamente ancora molto vicini all'iconografia formale tradizionale; la grande novità fu che per la prima volta erano realizzati con una tecnologia che nel dopoguerra aveva fatto evolvere la resina fenolica in "plastica". I quadri di Roberto Sambonet raffiguranti Giulio Castelli e Anna Castelli Ferrieri sono il punto di partenza di questo racconto.

Lo stile pittorico figurativo di Sambonet, con i suoi ritratti a olio, è in qualche modo simile al linguaggio stilistico dei primi prodotti Kartell oltre a essere, Sambonet stesso, un personaggio chiave nella relazione tra arte e design in quanto progettista, pittore e scultore.

Ma già dopo il primo decennio, con la fine degli anni cinquanta, la plastica e Kartell sono ormai espressivamente lontanissimi dal punto di partenza. Le intuizioni tecnologiche nella lavorazione dei polimeri, l'evoluzione e le nuove possibilità delle tecniche di stampaggio e i prezzi popolari ottenuti grazie a una produzione fatta di grandi numeri riescono a mettere sul mercato utensili e arredi abbordabili da tutte le classi sociali facendo divenire il marchio Kartell e i suoi prodotti noti alla maggior parte delle persone. Con l'arrivo di una generazione di progettisti, per lo più architetti "prestati" all'industria, in un contesto milanese di amicizie e conoscenze dei Castelli che includevano non solo architetti ma anche artisti, scrittori e poeti, si definisce per la prima volta un rapporto innovativo che aprirà la strada all'immagine del designer contemporaneo. Così gli oggetti cominciano a cambiare forma, si erudiscono, evolvono, prendendo ispirazione dall'espressionismo astratto e basta guardare il *Battipanni* di Gino Colombini per vedere chiaramente il segno progettuale avvicinarsi all'arte di quel periodo.

Con l'arrivo degli anni sessanta inizia finalmente la riscossa al ventennio fascista e a un dopoguerra di ricostruzione e sacrifici. Così come accadde per il costume, la musica e la moda anche arte e design diedero segnali di forte rottura con il passato utilizzando nuovi mezzi espressivi e integrando l'ispirazione creativa, il talento, il genio con la vita quotidiana, di cui il nuovo materiale, cioè la plastica dai colori decisi, era uno degli interpreti principali.

Nel 1968 ha luogo la XIV Triennale di Milano, dove emergono composizioni progettuali d'avanguardia definite come Radical Design. Come nell'arte, anche nel design spuntano nuovi protagonisti come Ufo, Archizoom Associati, Ugo La Pietra, Franco Raggi, Gaetano Pesce, alcuni dei quali più tardi faranno parte del centro ricerche di Kartell conosciuto sotto il nome di CentroKappa. Qui il design diventa pratica teorica e progettuale ponendosi contro quello che viene definito come "obsoleto buongusto".

Così Achille Castiglioni, Anna Castelli Ferrieri, Giotto Stoppino, Olaf von Bohr, Gae Aulenti, Joe Colombo, Marco Zanuso e altri cominciano a dare vita a una collezione di oggetti e arredi per la casa per la divisione Kartell Habitat inaugurata nel 1963.

Sono questi gli anni della Pop Art, che, in contrapposizione all'astrattismo, rivolge la propria attenzione agli oggetti, ai miti, ai linguaggi della società dei consumi con l'obiettivo di superare le convenzioni artistiche del passato includendo l'immaginario dalla cultura popolare come la pubblicità, i fumetti e i beni di consumo. Anche i prodotti Kartell divengono loro stessi prodotti funzionali iconici e, per questa nuova filosofia pop degli *objets d'art* basti pensare ai *Componibili* di Anna Castelli Ferrieri, alla lampada *Re Sole* di Gae Aulenti, alla parete componibile *Fiocco* di Pierluigi Spadolini. In questi anni l'azienda vede anche artisti cimentarsi con il materiale plastico: Pio Manzù realizza il suo *Portaoggetti* da tavola e Nanda Vigo la lampada a pavimento *4041*. Il concetto pop verrà ripreso nel 2009 con l'installazione *Barbie Goes Design*, con il famoso giocattolo della Mattel nella sua scatola originale corredato di oggetti Kartell in miniatura contrapposta a un packaging gigante con la bambola in dimensioni umane e complementi di arredo di produzione corrente Kartell, in una palese citazione della famosa scatola *Brillo* di Andy Warhol. Dello stesso periodo le bellissime foto dei progettisti Kartell in una sorta di stand/allestimento fatte da Ugo Mulas.

Negli anni settanta, artisticamente incerti tra arte povera, transavanguardia e radical, Kartell e la plastica sono ormai un sodalizio assodato e riconosciuto a livello internazionale rappresentando la propria filosofia e visione progettuale al meglio attraverso prodotti come il sistema scuola del CentroKappa, la lampada *Tic Tac* di Giotto Stoppino, la libreria *Polvara*, la collezione *Kartell in Tavola* di Anna Castelli Ferrieri e il letto *Centopiedi* di Antonio Locatelli e Pietro Salmoiraghi.

Così come nel 1968 l'iconografia del film *2001: Odissea nello spazio* di Kubrick smarcò il concetto di un futuro prossimo fatto di oggetti dall'immagine innovativa e futuristica perfettamente in sintonia con prodotti come il tavolo di Anna Castelli Ferrieri, la sedia di Joe Colombo o le lampade di Olaf von Bohr, con gli anni settanta è il design che entra nei musei consacrandoli, una volta per tutte, come una delle molteplici espressioni dell'arte. Ettore Sottsass, Gae Aulenti, Marco Zanuso, Richard Sapper e molti altri danno vita alla storica esposizione curata da Emilio Ambasz "Italy: The New Domestic Landscape" presso il MoMA di New York, celebrando e per certi versi inventando il Made in Italy di cui ancora oggi possiamo vantarci. Il prodotto diventa così uno strumento culturale, di contestazione, di riforma o anche di conformismo e questa fu una dichiarazione assolutamente nuova per il pubblico americano che considerava il design, e un certo tipo di arredo, solo sotto il profilo della produzione industriale.

Ma è con l'arrivo degli anni ottanta che assistiamo a un ribaltamento completo dei codici stilistici e filosofici del disegno industriale: ormai siamo lontani dalla scuola di Weimar con la sua "La forma segue la funzione" e con l'avvento del postmoderno, del gruppo Memphis e dello Studio Alchimia i parametri iconografici, cromatici, ideologici vengono sovvertiti. Anche Kartell sente il bisogno di rinnovarsi ma fatica ad allinearsi a un presente sempre più anarchico dovuto al retaggio di un passato razionalista difficile da allontanare oltre all'empasse della crisi del petrolio degli anni settanta, e a un ricambio generazionale difficile da attuare. Oggetti come la poltrona *4814* e il tavolo *4310* di Anna Castelli, o il tavolo a cavalletto *4582* di Olaf von Bohr sono rappresentativi dello sforzo di riparametrarsi su questa nuova lunghezza d'onda ma con uno scarso risultato.

Sono gli anni della videoarte, dell'arte digitale, del graffitismo e del neoespressionismo che ridefiniranno nuovi paradigmi culturali. È del 1986 la sperimentazione di Kartell di nuove tecnologie e visioni cibernetiche attraverso la creatività di un giovane Denis Santachiara realizzando, in occasione della mostra "Il progetto domestico. La casa dell'uomo" presso la Triennale di Milano, *Ines. Veicolo pensante terminale*, installazione di arte cibernetica attraverso un robot, Ines appunto, provvisto non solo di intelligenza ma anche di coscienza artificiale in opposizione a quella del filosofo, professor Wilson, suo padrone.

Ma sarà proprio la fine di questi complessi anni ottanta che ridarà nuova energia a Kartell reinventandola, attualizzandola, amplificandola fino a renderla l'azienda che noi tutti oggi, dopo trent'anni, conosciamo.

Claudio Luti, genero dei precedenti proprietari, nel 1988 acquisisce e si mette alla guida dell'azienda con una visione completamente rivoluzionaria e innovativa; con il suo arrivo dalla moda apporta un modo nuovo, inconsueto e moderno di concepire l'azienda e i suoi prodotti con l'energia positiva che si respira in quel periodo. Sono gli anni ottanta di Milano, quelli della moda, quelli di un nuovo boom economico che ha ormai reso Milano non più solo una città industriale ma il centro di una creatività riconosciuta in tutto il mondo. A Milano ormai discipline come Moda e Design si fondono e così pure l'arte in generale ha trovato nuovi linguaggi per affermarsi, comunicare e comunicarsi attraverso cinema, musica, fotografia, installazioni, sculture, Street Art: nello stesso modo anche Kartell comincia a contaminare ed essere contaminata da tutte queste nuove forme di espressione che non appartengono più solo ai musei o ai negozi ma a un pubblico sempre più vasto con una fame atavica di novità.

L'arrivo di nuovi designer come Philippe Starck, Antonio Citterio, Vico Magistretti e molti altri fa sì che il catalogo Kartell diventi non più solo un supporto commerciale e divulgativo ma un mezzo per allinearsi e dichiarare la propria appartenenza alle tendenze, ai costumi e alla cultura del momento: così si va dalla computer grafica di fine anni ottanta di Rick Valicenti, alle immagini di Tom Wack o del fotografo di moda

Giovanni Gastel. Sempre in tema moda Kartell e Franca Sozzani con "Vogue Italia" realizzano nel 2002 il libro *kARTell* facendo ritrarre prodotti e personaggi pubblici da alcuni dei più celebri fotografi di moda e non solo: i nomi sono importanti e vanno da Bruce Weber a David LaChappelle, da Helmut Newton a Mario Testino e Peter Lindbergh. Così come per la comunicazione, ma anche la produzione e la ricerca tecnologica delle materie plastiche impiegate, la ricerca dei nuovi progettisti di Kartell comincia ad aprirsi con talenti creativi di ogni tipo e a ogni latitudine e non a caso una scultura in metallo di Ron Arad diviene la libreria *Bookworm*, un indiscutibile best seller degli anni novanta. Da qui in poi le collaborazioni, i progetti e gli eventi si susseguono. Si va dai videoclip di Armin Linke dello stand al Salone del Mobile 1996 (suo pure il ritratto di Vanessa Beecroft per il libro *kARTell*) al video di Sophie Calle con Arielle Dombasle come protagonista girato nel negozio di Parigi. Ci sono poi i teli di Stefano Arienti realizzati in occasione della ristrutturazione del KartellMuseo in cui sono rappresentati oggetti della collezione attuale in un bosco incantato; le sedie luminose di Bob Wilson e le foto di Gabriele Basilico e Maurizio Galimberti, la tela surrealista di Emilio Tadini (divenuta in seguito la copertina del catalogo Kartell) o gli oggetti incisi con motivi maori di Nuku o la *Maui* di Charles André, ma non solo.

L'arte ormai è divenuta con gli anni una forma di espressione totale e anche la musica e il cinema la rappresentano: si va dal video di *Bad Romance* di Lady Gaga a *Barbarian* della rapper siriana Mona Haydar, a *Bang Bang* di Ariana Grande, a film iconici come *Il diavolo veste Prada* o *La grande bellezza*.

Arte e design, Kartell e le espressioni artistiche del suo tempo: l'altra faccia di Kartell appunto.

Una relazione e una dimensione che ci danno oggi lo spunto per guardare a Kartell, dopo settant'anni, non solo come a un evento aziendale, industriale e tecnologico ma come espressione di una ricerca non confinata al solo mondo del design, apportando attraverso i suoi oggetti e la sua (o altrui) rappresentazione, una visione culturale e artistica dell'abitare che riflette sempre le necessità, le espressioni, le evoluzioni della società attuale.

Ferruccio Laviani

THE ART SIDE OF KARTELL

I had been wanting to do this exhibition for a long time, and when Claudio Luti told me in October 2018, during the ritual Wednesday meeting at Kartell, about the availability of the "Appartamento dei Principi" at Palazzo Reale during the Salone del Mobile in April 2019, and the need to come up with an idea appropriate to the location, it seemed to me the time had come to implement this project.

In 1994, Claudio decided to catalogue everything in the various company archives and thus preserve as much as possible of the history of Kartell. For almost three years we set about looking, cataloguing, photographing, dividing, and chronologically reconstructing everything that had been produced from 1949 until then. A colossal undertaking that would have been impossible to accomplish without the historical memory of the founder, the engineer Giulio Castelli, whose lucidity made the arduous task lighter, and above all enabled me to give coherence to all the material.

Thus was born the database that served a couple of years later as the basis on which I started the project for KartellMuseo, which, thanks to Claudio's foresight at a time when no one was talking about corporate museums, collections, or foundations, was absolutely innovative and ahead of its time, earning the Guggenheim Best Business Museum award.

Although the creation of the database may seem unrelated to *The art side of Kartell*, it is not at all, because during its compilation I discovered a sort of "parallel world" of works and products (often prototypes) bearing the signatures of such prestigious names as Pio Manzù, Nanda Vigo, Agenore Fabbri, Ugo Mulas, Milton Glaser and Lucio Fontana, something that made it clear to me how a certain group of Milanese industrialists, architects, graphic designers, artists and thinkers had crossed paths and brought to life a distinctly Milanese design that would later become what everyone knows under the more comprehensive name of "Italian design".

In 2001, with the realisation of the volume *kARTell* with *Vogue Italia*, edited by Franca Sozzani and Luca Stoppini with the collaboration of the greatest art and fashion photographers as well as contemporary artists, I began to draw up a more complete list of works involving Kartell, which was the starting point for *The art side of Kartell*. Below is the text I sent to Claudio Luti at the beginning of December 2018 to convince him (and I succeeded) of the excellent opportunity that this exhibition represented for the company to communicate in a different and more complete way, and to make it clear that behind the company there is much more than a material or a design. There are interferences, contacts, exchanges, discussions, symbioses, something that goes beyond the aesthetic aspect and has a very specific name: it is called Culture.

The art side of Kartell

To recount 70 years of Kartell is to recount 70 years of history, culture and social transformation, not just in Italy but in a world that has increasingly expanded in terms of knowledge, while shrinking in terms of distance and ease of interaction among individuals.

Today, through the entirety of Kartell's production, we can see the changes in our society over 7 decades mirrored in objects such as the *KD 51/R* lamp by Achille and Pier Giacomo Castiglioni, the *Componibili* by Anna Castelli Ferrieri, or the *Louis Ghost* chair by Philippe Starck, which document in an almost "journalistic" way the modernism of the post-war period, the youth movement of the 1960s, as well as the rediscovery of the bourgeois philosophy of the new millennium, and they do so through the form and evolution of technology.

It was therefore only natural that Kartell and design, in the sense of expressive form, would come into contact, directly or indirectly, with other languages, not the least of which art in all its forms. And it is precisely this relationship that we want to explore, since the evolution of art in many ways mirrors that of Kartell.

The end of the 1940s brought with it a whole historical legacy of techniques and styles that were reflected in the art of the time, with artists who still expressed themselves through oil on canvas, seeking in their compositional experimentation more contemporary languages suited to the fervent mood of the time, fueled by the desire to create and innovate.

Since 1950 Kartell tried its hand at the first serial products: luggage racks, pails, potty chairs, nothing especially novel, but firmly tied to function and "stylistically" still very close to traditional formal iconography. The real innovation was the fact that, for the first time, these objects were made with a technology whereby phenolic resin had evolved into "plastic". Roberto Sambonet's paintings of Giulio Castelli and Anna Castelli Ferrieri are the starting point of this story. The figurative style of

Sambonet's oil portraits are in some ways similar to the visual language of the first Kartell products, and indeed Sambonet himself – designer, painter and sculptor – was a key figure in establishing the relationship between art and design.

But already by the end of the 1950s, after just a decade, Kartell's expressive use of plastic had evolved leaps and bounds from the starting point. The technological intuitions in the processing of polymers, the evolution and new possibilities of moulding techniques, the affordable prices resulting from large production volumes all conspired to introduce furniture and utensils to the market at prices accessible to every socio-economic class, thereby making the Kartell brand and product catalogue known to a majority of consumers. With the arrival of an entire generation of designers, mostly architects "moonlighting" in industrial design, in a Milanese circle of Castellis' friends and acquaintances that included not only architects but artists, writers and poets, there arose an unprecedented network of relationships that would open the way to the image of the contemporary "designer". The objects thus began to change form, becoming more erudite and evolved, drawing inspiration from Abstract Expressionism – one need only look at Gino Colombini's carpet beater to see how design begins to overlap with the art of that period.

The 1960s marked the beginning of the redemption for two decades of Fascism and a period of reconstruction and sacrifice. And this holds equally true for social mores, music, fashion, art and design, which signalled a sharp break with the past, using new expressive means and integrating creativity, talent and genius with everyday life, of which boldly coloured plastic was a powerful interpreter.

In 1968, the XIV Triennale di Milano took place, where the avant-garde projects there presented came to be defined as Radical Design. In parallel with the art world, new protagonists were emerging, such as Ufo, Archizoom Associati, Ugo La Pietra, Franco Raggi and Gaetano Pesce, some of whom later became part of the Kartell research centre known as CentroKappa. Here, design became a theoretical discipline, setting itself up in opposition to what was defined as "obsolete good taste".

Thus Achille Castiglioni, Anna Castelli Ferrieri, Giotto Stoppino, Olaf von Bohr, Gae Aulenti, Joe Colombo, Marco Zanuso and others began to create a collection of objects and home furnishings for the Kartell Habitat division, inaugurated in 1963.

These were the years of Pop Art, which, in contrast to abstractionism, turned its attention to the objects, myths and languages of consumer society, with the aim of breaking free of the artistic conventions of the past by incorporating the imagery of popular culture such as advertising, comics and packaging. Kartell products, while functional, also become "iconic" according to this new Pop philosophy, and therefore *objets d'art*, epitomised in objects like the *Componibili* by Anna Castelli Ferrieri, the *Re Sole* lamp by Gae Aulenti, the *Fiocco* modular wall system by Pierluigi Spadolini. In these years, the company also invited artists to explore plastic materials: Pio Manzù created his desktop organiser *Portaoggetti* and Nanda Vigo the *4041* floor lamp. The Pop concept would be taken up again in 2009 with the installation *Barbie Goes Design*, with the famous Mattel toy in its original box accessorised with miniature Kartell objects juxtaposed with a giant packaging with a life-size doll and real Kartell furnishings from the current collection, a clear citation of Warhol's famous *Brillo Box*. From the same period, the beautiful photos of the Kartell designers in a sort of stand/installation by Ugo Mulas.

In the artistic uncertainty of the 1970s, between Arte Povera, Transavanguardia and Radical Design, the equation of Kartell and plastic was now established and internationally recognised, representing its philosophy and design vision through products such as the school furniture system by CentroKappa, the *Tic Tac* lamp by Giotto Stoppino, the *Polvara* bookcase, the *Kartell in Tavola* collection by Anna Castelli Ferrieri and the *Centopiedi* bed by Antonio Locatelli and Pietro Salmoiraghi.

In 1968, the iconography of Kubrick's *2001: A Space Odyssey* articulated a vision of a near future populated by objects with an innovative and space-age aesthetic perfectly in tune with a table by Anna Castelli Ferrieri, a chair by Joe Colombo, or a lamp by Olaf von Bohr. In the 1970s, design entered the museum sphere, consecrating it once and for all as one of the many expressions of contemporary art. Ettore Sottsass, Gae Aulenti, Marco Zanuso, Richard Sapper and many others participated in the historic exhibition curated by Emilio Ambasz *Italy: The New Domestic Landscape* at MoMA in New York, celebrating and in some ways inventing the "Made in Italy" that we know today. The product thus became an instrument of culture, of protest, of reform (or conformity), and this was a completely new declaration for the American public, which at the time considered design and a certain type of furniture exclusively in terms of industrial production.

But it was with the arrival of the 1980s that we saw a complete overturning of the stylistic and philosophical codes of industrial design. Postmodernism, the Memphis group and the Alchemy studio left the Weimar school and its "form follows function" credo behind, subverting its iconographic, ideological, even chromatic parameters. Kartell also felt the need to renew itself, but struggled to align with an increasingly anarchic present, in part due to the legacy of a rationalist past that was difficult to abandon, in part to the impasse of the oil crisis of the 1970s. Caught off-guard by this generational change, objects such as the *4814* armchair and the *4310* table by Anna Castelli, or the *4582* trestle table by Olaf von Bohr are representative of the effort to tune into this new wavelength, which in the end was unsatisfactory.

These were the years of video, digital art, graffiti and Neo-Expressionism, which would establish new cultural paradigms. In 1986 Kartell experimented with new technologies and the cybernetic concepts through the creativity of a young Denis Santachiara, realising for the exhibition *Il progetto domestico. La casa dell'uomo* at the Triennale di Milano, a piece entitled *Ines. Veicolo pensante terminale*, an installation of cybernetic art featuring a robot named Ines, equipped not only with artificial intelligence but also with an attitude that openly contested that of its master, Professor Wilson, a philosopher.

But it would be at the end of the complex 1980s that Kartell would reinvent itself with an injection of new energy, upgrading and expanding until becoming the company that we all know today, thirty years later.

In 1988, Claudio Luti, son-in-law of the founders, bought the company and took the helm, bringing a completely innovative, even revolutionary vision. A veteran of the fashion industry, he imported a new, unusual and thoroughly modern conception of the company and its products, with all the positive energy that permeated the atmosphere of that era. In the 1980s, Milan had become a powerhouse of fashion, the generator of a new economic boom that had elevated it from industrial capital to creative hub, recognised throughout the world. In Milan, fashion and design were finding common ground, overlapping, and art in general had devised new languages with which to assert itself, whether through cinema, music, photography, installations, sculpture and street art. In the same way, Kartell began to contaminate and be contaminated by all these new forms of expression that no longer belonged exclusively to museums nor to shops, but to a broader audience with an atavistic hunger for the new.

The arrival of new designers such as Philippe Starck, Antonio Citterio, Vico Magistretti and many others makes the Kartell catalogue no longer just a commercial and popular supplement, but a means for the company to declare and align itself to the trends and culture of the moment: from the computer graphics of the late 1980s by Rick Valicenti to the images of Tom Wack, or the fashion photographer Giovanni Gastel. Speaking of fashion, in 2002 Kartell and Franca Sozzani, in collaboration with *Vogue Italia*, created the book *kARTell,* featuring products and public figures shot by some of the most famous fashion and art photographers, including Bruce Weber, David LaChapelle, Helmut Newton, Mario Testino and Peter Lindbergh.

As for communication, but also the production and technological research of plastic materials, Kartell began opening itself to creative talents of all kinds and from every latitude, and it is no coincidence that a metal sculpture by Ron Arad became the bookcase *Bookworm,* an undisputed bestseller of the 1990s. From then on, collaborations, projects, and events follow after another, ranging from Armin Linke's video clips of the stand at the Salone del Mobile 1996 (after contributing a portrait of Vanessa Beecroft to the *kARTell* volume) to Sophie Calle's video starring Arielle Dombasle shot in the Paris store. Then, there were the hanging tarps by Stefano Arienti, made for the occasion of the renovation of the KartellMuseo, depicting objects from the current collection in an enchanted forest; the luminous chairs by Bob Wilson and the photos by Gabriele Basilico and Maurizio Galimberti; the surrealist canvas by Emilio Tadini (which later became the cover of the Kartell catalogue); the objects carved with Maori motifs by Nuku; the *Maui* by Charles André. And so on.

Art has become over the years a form of total expression that encompasses music and cinema: from the videos of Lady Gaga's *Bad Romance,* Syrian rapper Mona Haydar's *Barbarian* and Ariana Grande's *Bang Bang* to iconic films like *The Devil Wears Prada* or *The Great Beauty*.

Art and design, Kartell and the artistic expressions of its time: the other side of Kartell.

A relationship and a dimension that today gives us the cue to look at Kartell, after 70 years, not only as a corporate, industrial and technological event, but as an expression of an enquiry not confined to the world of design, building through its objects and representations of itself (or others) a cultural and artistic vision of the contemporary living, that has always reflected the needs, expressions, and evolutions of today's society.

Ferruccio Laviani

7 Electric Chairs... As you like it!, Bob Wilson, 2011
Electric Chair_05

I

Il percorso concettuale di "The art side of Kartell" si apre in uno spazio privo di luce con *7 Electric Chairs... As you like it!* di Bob Wilson, installazione composta da 7 sedute trasparenti che incorporano luci al neon dalle diverse tonalità di bianco. Ogni seduta rappresenta, con il suo specifico spettro di colore, una diversa età dell'uomo. Realizzata da Kartell nel 2011 per il settantesimo compleanno di Wilson, l'opera cattura con dirompente energia gli stati emotivi delle 7 fasi della vita. Ispirata da *As You Like It* di William Shakespeare, l'installazione è accompagnata in questa sua riproposizione 2019 dal monologo di Jaques (diretto dal regista Fabio Cherstich) incentrato sulle 7 età dell'uomo.

7 sarà un numero ricorrente e su cui si è articolato il progetto di questa mostra che celebra appunto i 7 decenni della nascita di Kartell.

Altro segno che scaturisce dal buio della stanza è la citazione dell'opera *Concetto spaziale* di Lucio Fontana (1951). L'immagine si riferisce alla mostra "Il design italiano degli anni '50", realizzata nel 1977 da CentroKappa, in occasione della quale è stata esposta una ricostruzione del celebre neon all'interno dello showroom, ora KartellMuseo, nella sede di Noviglio.

The conceptual path of *The art side of Kartell* opens in a darkened space with *7 Electric Chairs... As you like it!* by Bob Wilson, an installation composed of 7 transparent chairs rigged with neon lights in different shades of white. Each chair represents, with its specific spectrum of colour, a different age of man. Realised by Kartell in 2011 for Wilson's 70th birthday, the work captures with explosive energy the emotional states of the 7 phases of life. Inspired by William Shakespeare's *As You Like It*, the installation is accompanied by Jaques' monologue (directed by Fabio Cherstich) on the 7 ages of man.

The number 7 is the recurring theme on which the exhibition design has been articulated, in celebration of the 7 decades since Kartell's founding.

Another sign that emerges from the darkness of the room is a citation of the work *Concetto spaziale* by Lucio Fontana (1951). The image refers to the exhibition *Il design italiano degli anni '50*, realised in 1977 by CentroKappa, for which a reconstruction of the famous neon was exhibited in the showroom, now the KartellMuseo, in Noviglio.

Concetto spaziale, Lucio Fontana, 1951
Reconstruction for the exhibition
Il design italiano negli anni '50,
Kartell building, Noviglio (Milan), 1977

PIÈCE #1 (JAQUES)
Concept and direction: Fabio Cherstich
Sound and production: Morten Norbye Halvorsen

Il lavoro analizza e destruttura in una partitura corale il contenuto del famoso monologo teatrale tratto da *Come vi piace* di Shakespeare in cui il personaggio di Jaques paragona ogni essere umano a un attore che recita sul palcoscenico della vita.
Le 7 tappe esistenziali elencate nel testo originale, corrispondenti ad altrettanti tipi teatrali, diventano qui le voci di 7 non attori di età compresa tra i due e i novant'anni che leggono a prima vista il testo di Shakespeare. L'obiettivo è quello di usare il monologo come un materiale, concentrando l'attenzione non sull'interpretazione emotiva, virtuosistica, mimetica e soprattutto fisica dell'attore, bensì su una composizione a più voci. La trama testuale è ridotta a solo e semplice audio e restituita in forma polifonica con l'obiettivo di coglierne il significato più metaforico e concettuale.
Fabio Cherstich, 2019

The work analyses and deconstructs, in the context of a choral score, the famous theatrical monologue from Shakespeare's *As You Like It* in which the character of Jaques compares every human being to an actor playing a part on the stage of life.
The 7 existential stages listed in the original text, corresponding to the same number of theatrical types, become the voices of 7 non-actors between the ages of two and ninety who read Shakespeare's text aloud for the first time, without rehearsal. The aim is to use the monologue as a raw material, focusing attention not on the actor's emotional, mimetic and above all physical virtuosity, but on an aural composition with multiple voices. The textual plot is reduced to simple sounds, rendered in polyphonic form with the aim of capturing its deepest metaphorical and conceptual meaning.
Fabio Cherstich, 2019

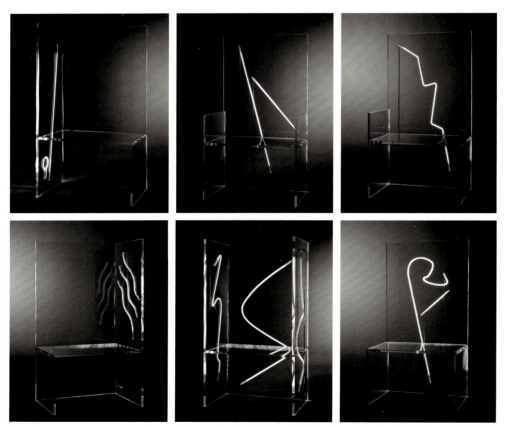

7 Electric Chairs... As you Like it!, Bob Wilson, 2011

MONOLOGO

Tutto il mondo è una scena,
e gli uomini e le donne sono soltanto attori.
Hanno le loro uscite come le loro entrate,
e nella vita ognuno recita molte parti,
ed i suoi atti sono sette età.
Prima, l'infante che miagola e vomita
in braccio alla nutrice. Lo scolaro
poi, piagnucoloso, la sua brava cartella,
la faccia rilucente nel mattino,
che assai malvolentieri striscia verso la scuola
a passo di lumaca. E poi l'innamorato,
che ti sospira come una fornace,
e in tasca una ballata tutta lacrime
sopra le ciglia della sua adorata.
Poi, un soldato, armato dei moccoli più strambi,
un leopardo baffuto geloso dell'onore,
lesto di mano, pronto a veder rosso,
che va a cercar la bubbola della reputazione
persino sulla bocca d'un obice. E poi il giudice,
con un bel ventre tondo, farcito di capponi,
occhio severo, barba ritagliata
a regola d'arte, gonfio di sentenze
e di luoghi comuni: e in questo modo
recita la sua parte. L'età sesta
ti muta l'uomo in magro pantalone
in ciabatte, le lenti al naso, la borsa
sul fianco, e quelle braghe usate da ragazzo,
ben tenute ma ormai spaziose come il mondo
per i suoi stinchi rattrappiti, e il suo
vocione da maschiaccio che ridiventa
un falsetto infantile, un suono fesso
e fischiante. L'ultima scena infine,
a chiuder questa storia strana, piena di eventi,
è la seconda infanzia, il mero oblio,
senza denti, senz'occhi o gusto, senza niente.
(Jaques, atto 2, scena 7)

William Shakespeare, *Come vi piace*

MONOLOGUE

All the world's a stage,
And all the men and women merely players.
They have their exits and their entrances,
And one man in his time plays many parts,
His acts being seven ages. At first the infant,
Mewling and puking in the nurse's arms.
Then, the whining schoolboy with his satchel
And shining morning face, creeping like snail
Unwillingly to school. And then the lover,
Sighing like furnace, with a woeful ballad
Made to his mistress' eyebrow. Then, a soldier,
Full of strange oaths, and bearded like the pard,
Jealous in honour, sudden, and quick in quarrel,
Seeking the bubble reputation
Even in the cannon's mouth. And then, the justice,
In fair round belly, with a good capon lined,
With eyes severe and beard of formal cut,
Full of wise saws and modern instances;
And so he plays his part. The sixth age shifts
Into the lean and slippered pantaloon,
With spectacles on nose and pouch on side,
His youthful hose, well saved, a world too wide
For his shrunk shank, and his big manly voice,
Turning again toward childish treble, pipes
And whistles in his sound. Last scene of all,
That ends this strange eventful history,
Is second childishness and mere oblivion,
Sans teeth, sans eyes, sans taste, sans everything.
(Jaques, Act 2, Scene 7)

William Shakespeare, *As You Like It*

Anna Castelli Ferrieri, Roberto Sambonet, 1985

Giulio Castelli, Roberto Sambonet, 1983

La Sedia, Emilio Tadini, 1997

La commistione tra la decorazione originaria degli ambienti di Palazzo Reale e le opere d'arte in mostra è un leitmotiv che ritroveremo in alcune delle stanze coinvolte nel progetto, come fossero vissute da un moderno collezionista capace di coniugare design contemporaneo o storico (alcuni dei pezzi in esposizione provengono dal KartellMuseo) con opere di varie epoche.

In questo ambiente trovano spazio produzioni artistiche di grandi pittori, fotografi e scultori, per lo più milanesi di nascita o d'adozione, come Emilio Tadini, Roberto Sambonet, Aldo Ballo, Maurizio Galimberti o Giovanni Gastel. Ciascuno di questi autori, per vicinanza, amicizia o semplicemente per casualità ha incontrato Kartell nel proprio percorso professionale, offrendo con una soggettiva lettura artistica l'elaborazione che ha trasformato l'oggetto di design in opera d'arte. Inoltre la tela di Milton Glaser, uno dei maggiori grafici e illustratori dei nostri tempi, di proprietà Kartell, è l'esempio di volontà di apertura ed espressione attraverso linguaggi diversi dal design che l'azienda ha promosso sin dagli esordi.

The juxtaposition of the original decor of Palazzo Reale and the works of art on display is a leitmotif that we will find in some of the rooms involved in the project, as if they were inhabited by a modern collector capable of combining contemporary and historical design (some of the pieces on display come from the KartellMuseo) with works from various epochs.

This room features the works of great painters, photographers and sculptors, most of them Milanese by birth or adoption, such as Emilio Tadini, Roberto Sambonet, Aldo Ballo, Maurizio Galimberti and Giovanni Gastel. Each of these authors, whether through proximity, friendship, or simply by chance, has worked with Kartell, offering a subjective artistic interpretation of the process that transforms an object of design into a work of art. In addition, the canvas by Milton Glaser, one of the greatest graphic designers and illustrators of our time, owned by Kartell, is an example of the desire for openness and expression through languages other than design that the company has promoted from its outset.

Cavallo, Agenore Fabbri, 1970

Cavallo di Agenore Fabbri è un multiplo d'artista commissionato da Kartell allo scultore nel 1970. La lucentezza del poliestere in cui è realizzata l'opera ricorda la ceramica e incorpora lo stile drammatico ed espressivo dell'artista.

Cavallo by Agenore Fabbri is an artist's multiple commissioned by Kartell to the sculptor in 1970. The gloss of the polyester of which the work is made is reminiscent of ceramics, and epitomises the artist's dramatic and expressive style.

Casa di moda ("Vogue Italia"), Aldo Ballo, 1969
Courtesy Biblioteca del Progetto - Triennale Milano

Componibili (Kartell catalogue), Giovanni Gastel, 1995

Cassetti Fussel (Kartell catalogue), Giovanni Gastel, 1995

Portaombrelli (Kartell catalogue), Giovanni Gastel, 1995

4794 Armchair (Kartell catalogue), Giovanni Gastel, 1995

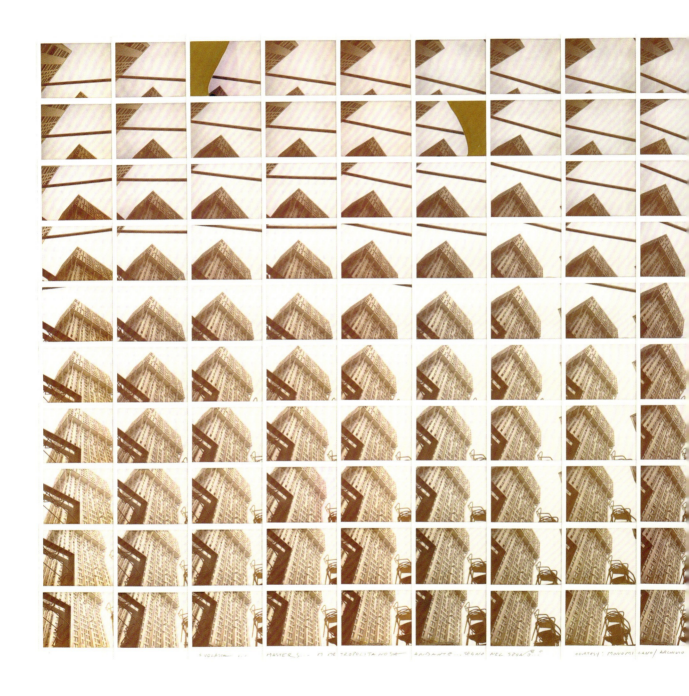

Velasca Masters Metropolitanosa,
Maurizio Galimberti, 2011
Courtesy Lorenza Luti

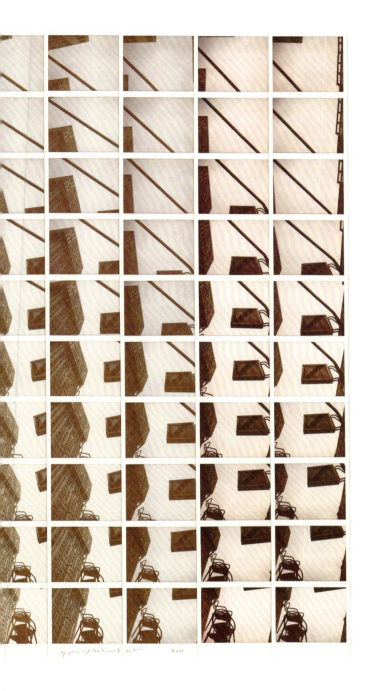

Velasca Movement Studio 1,
Maurizio Galimberti, 2011

Untitled, Milton Glaser, 1965

Mauna Kea, Ellen von Unwerth for the book
kARTell. 150 Items. 150 Artworks, 2002

III

Un certo sguardo sulla natura. Attrici principali le opere *ED07DF* di Enrico David, accanto alla *Ero/S* della serie *Identità violata* di Barnaba Fornasetti, le fotografie di Bruce Weber e il poetico acquerello di Ettore Sottsass. L'installazione di David indaga gli aspetti più profondi della natura umana facendo sua la simbologia della libellula in passato considerata magica per i colori cangianti delle ali trasparenti e alla particolarità di trascorrere parte della sua esistenza in stato larvale nell'acqua. David mette in scena un paesaggio bucolico nel quale il tavolo rappresenta lo stagno e le 7 lampade simboleggiano la luce dove, all'interno dei paralumi fissate con una testa di spillo come in una vetrina entomologica, si scoprono libellule di carta velina. Le lampade scelte da Enrico David per la sua opera sono la ricostruzione delle sospensioni *KD 51/R*, disegnate da Achille e Pier Giacomo Castiglioni e prodotte da Kartell nel 1959.

A unique look at nature. The featured players are *ED07DF* by Enrico David, alongside *Ero/S* from the series *Identità violata* by Barnaba Fornasetti, photographs by Bruce Weber, and a poetic watercolour by Ettore Sottsass. David's installation explores the deepest aspects of human nature by appropriating the symbolism of the dragonfly, once considered magical for the iridescence of its transparent wings and the peculiarity of spending part of its existence in a larval state into the water. David presents a bucolic landscape in which the table represents the pond and the 7 lamps symbolise sunlight, inside the lampshades of which dragonflies made of tissue paper are affixed with a stick pin, as in an entomological display case. The lamps chosen by Enrico David for his work are a reconstruction of the *KD 51/R* hanging lamp designed by Achille and Pier Giacomo Castiglioni and produced by Kartell in 1959.

Untitled, Ettore Sottsass, 1994

L'opera sonora si basa su registrazioni sul campo, realizzate nel villaggio di Zennor, in Cornovaglia, nei mesi estivi. I suoni registrati provengono da un ruscello – e dai suoi dintorni – che da Trevail Mill scende fino a River Cove riversandosi nel Mar Celtico.
La struttura dell'opera consiste in 7 curve che occupano lo spazio complessivo, all'interno delle quali scorrono rapidi i suoni di libellule e api, buoi e cuculi. Il vento che attiva la vegetazione, portando i suoni lontani più vicini, alcuni reali, altri immaginati. (Morten Norbye Halvorsen)

The sound work is based on field recordings made during the summer months in Zennor, Cornwall. The recordings are from in and around a stream leading down from Trevail Mill to River Cove, which opens up to the Celtic Sea.
The structure of the work consists of 7 curves in the overall amplitude and within these peaks there are fast passing sounds of dragonflies and bees, cattle and common cuckoos. Wind activates the vegetation, moving sounds from afar closer, some real some imagined. (Morten Norbye Halvorsen)

7 peaks (Zennor), Morten Norbye Halvorsen, 2019
Field recording, River Cove, Zennor, Cornwall, UK, 2018
© The artist

[...]
Dissipa la mia effige,
dissipa il remo che batte sul ramo in disparte.
Dissipa tu se tu vuoi questa dissipata vita dissipa
tu le mie cangianti ragioni, [...]
Dissipa tu se tu
vuoi questa mia debole vita che s'incanta ad
ogni passaggio di debole bellezza; dissipa tu
se tu vuoi questo mio incantarsi, – dissipa tu
se tu vuoi la mia eterna ricerca del bello e
del buono e dei parassiti. [...]
Amelia Rosselli, *La Libellula*, 1958

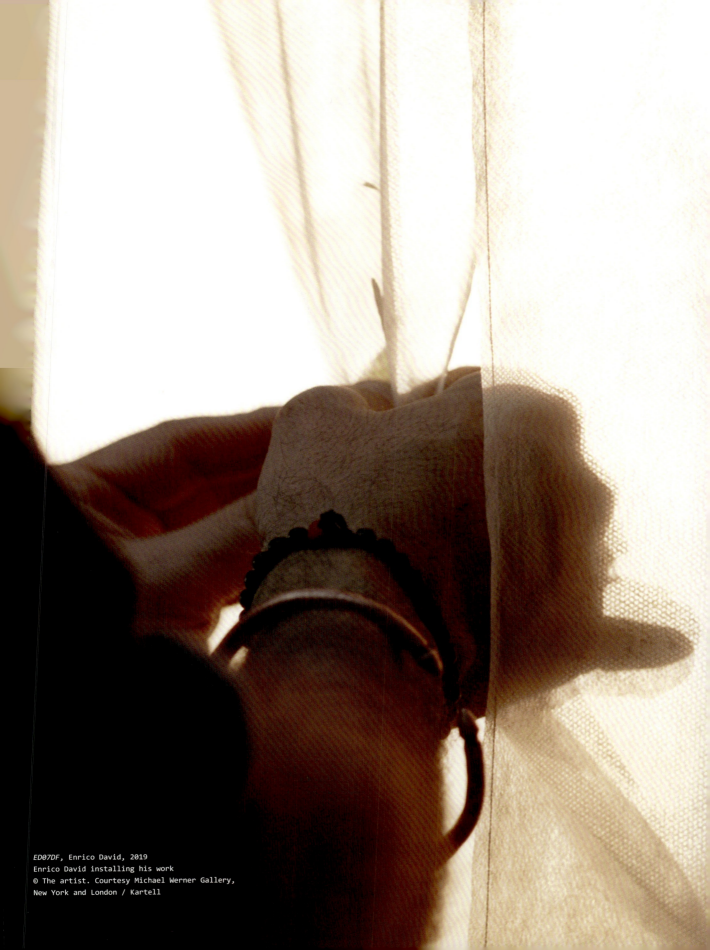

ED07DF, Enrico David, 2019
Enrico David installing his work
© The artist. Courtesy Michael Werner Gallery,
New York and London / Kartell

kARTell. 150 Items. 150 Artworks

Nel 2002 Kartell ha sentito il bisogno di raccontarsi in modo nuovo attraverso il progetto "kARTell. 150 Items. 150 Artworks", un libro e una mostra. Il libro, pubblicato da Skira editore e curato da Franca Sozzani (direttore di "Vogue Italia") con Luca Stoppini, offre 150 interpretazioni dell'universo Kartell, 150 scatti di prestigiosi fotografi e artisti contemporanei che hanno letto i prodotti Kartell in modi completamente nuovi impostandoli in una dimensione in cui la moda, l'arte e il design si intrecciano e si fondono perfettamente. Le opere e gli scatti sono firmati da personalità come: Vanessa Beecroft, Maurizio Cattelan, Armin Linke, Jean-Baptiste Mondino, Michel Comte, Fabrizio Ferri, Giovanni Gastel, David LaChapelle, Karl Lagerfeld, Peter Lindbergh, Helmut Newton, Gloria von Thurn und Taxis, Francesco Vezzoli, Tim Walker, Bruce Weber e Bob Wilson. "Un portfolio fotografico realizzato dai più grandi fotografi del mondo - 150 fotografie per 150 immagini. Un compendio di immagini e interpretazioni artistiche di oggetti e mobili nell'uso quotidiano. Una collezione di opere uniche. Una sequenza incredibile di oggetti reinterpretati immaginativamente e astratti dalle loro vere funzioni. Ogni singolo pezzo ne segue un altro, in un gioco visivo animato dalla magia della fotografia. Forme, materiali e colori sono presentati in una prospettiva visiva diversa e l'oggetto diventa un lavoro con effetti sorprendenti." (Franca Sozzani)

kARTell. 150 Items. 150 Artworks

In 2002 Kartell felt the need to present itself in a new way through the exhibition and book project entitled *kARTell. 150 Items. 150 Artworks*. The book, published by Skira editore and edited by Franca Sozzani (director of *Vogue Italia*) with Luca Stoppini, offers 150 interpretations of the Kartell universe, 150 shots by prestigious contemporary photographers and artists who read Kartell products in completely new ways, setting them in a dimension in which fashion, art and design intertwine and blend perfectly. The works and photographs are signed by such luminaries as Vanessa Beecroft, Maurizio Cattelan, Armin Linke, Jean-Baptiste Mondino, Michel Comte, Fabrizio Ferri, Giovanni Gastel, David LaChapelle, Karl Lagerfeld, Peter Lindbergh, Helmut Newton, Gloria von Thurn und Taxis, Francesco Vezzoli, Tim Walker, Bruce Weber and Bob Wilson. "A portfolio created by the world's greatest photographers - 150 photographs for 150 images. A compendium of images and artistic interpretations of objects and furniture for everyday use. A collection of unique works. An incredible sequence of imaginatively reinterpreted objects abstracted from their true functions. Each individual piece follows the other in a visual game animated by the magic of photography. Forms, materials and colours are presented in a different visual perspective and the object becomes a work of art with surprising effects." (Franca Sozzani)

Andrea and Pietro Clemente "Playtime", Bruce Weber
for the book kARTell. 150 Items. 150 Artworks, 2002

Ero/S. Identità violata, Barnaba Fornasetti, 2005
Courtesy Immaginazione S.r.l.

SEDIE *IDENTITÀ VIOLATA*

"Sull'impossibilità dell'incontro tra identità industriale e realtà artigianale" auspicato da Gio Ponti e Piero Fornasetti negli anni cinquanta, è nato lo stesso Atelier Fornasetti.
A distanza di mezzo secolo questo incontro rimane un dialogo difficile. Nel 2005 Barnaba Fornasetti, figlio di Piero e direttore artistico dell'Atelier Fornasetti, Philippe Starck, designer francese, e Claudio Luti, presidente di Kartell, hanno cercato di conciliare le due realtà trovandole, loro malgrado, ancora divergenti. Nascono quindi tre prototipi, realizzati da Fornasetti come puro divertissement d'artista, per sottolineare la diversità inconciliabile tra le due identità.
La sedia *Identità violata* è al tempo stesso una provocazione e un buon auspicio per una possibile coesistenza futura tra "uomo" e "macchina" in grado di salvaguardarne i rispettivi caratteri distintivi. "Identità industriale violata da un intervento decorativo artigianale. Identità artigianale violata con un intervento su un prodotto industriale."

IDENTITÀ VIOLATA CHAIRS

It was "on the impossibility of the encounter between industrial identity and artisanal reality", the shared dream of Gio Ponti and Piero Fornasetti back in the 1950s, that Atelier Fornasetti was founded.
More than half a century on, this encounter remains problematic. In 2005 Barnaba Fornasetti, son of Piero and artistic director of Atelier Fornasetti, the French designer Philippe Starck and Claudio Luti, president of Kartell, tried to reconcile the two realities, which they saw as still being divergent.
Three prototypes were created by Fornasetti, as pure artistic divertissement, to underline the irreconcilable differences between the two identities.
The *Identità violata* chair is thus both a provocation and a good omen for a possible future coexistence between "man" and "machine", where each is able to preserve its distinctive features. "Industrial identity violated by a decorative artisanal intervention. Artisanal identity violated by an intervention on an industrial product."

Osama Fashion Store (Ground Zero), Isa Genzken, 2008
Courtesy Galerie Buchholz, Berlin/Cologne/New York
© Isa Genzken VG Bild-Kunst, Bonn / SIAE, 2019

IV

"... alla ricerca della 'bellezza del quotidiano'"

"... in search of 'Everyday Beauty'"

Isa Genzken

Untitled, Isa Genzken, 2012
Courtesy Galerie Buchholz, Berlin/Cologne/New York
© Isa Genzken VG Bild-Kunst, Bonn / SIAE, 2019

Hotel Tools, Isa Genzken, 2008
Courtesy Galerie Buchholz, Berlin/Cologne/New York
© Isa Genzken VG Bild-Kunst, Bonn / SIAE, 2019

TRASPARENTE ROCOCÒ

Per l'artista contemporaneo il design è soggetto e al tempo stesso veicolo per poter parlare di altre cose. Il linguaggio di Kartell è perfetto per questo tipo di utilizzo che l'arte contemporanea fa di un altro linguaggio, il design appunto, completamente diverso ma al tempo stesso con molte affinità nascoste. Funzionalità barocca quella di Kartell, disfunzione rococò quella degli artisti coinvolti in questa storia-mostra attraverso spazi che già di per sé congiurano con la banalità del reale.

Sedie, lampade, tavoli di Kartell potrebbero benissimo arredare i dipinti di Watteau o di Boucher e dialogare con i loro personaggi oppure volare fra le nuvole dei cieli di Giambattista Tiepolo. Essendo la leggerezza e la trasparenza la cifra assoluta di Kartell si potrebbe immaginare un labirinto colorato attraverso il quale si possono avvistare le opere degli artisti contemporanei in mostra e al tempo stesso gli elementi della Kartell Story. C'è nell'arte, come nel design, una certa inafferrabilità. L'atmosfera è molto immateriale. Si dissolve come un miraggio o un vapore nel deserto. Enrico David entra nell'immaterialità sotto forma di libellula attratta dalla fonte di luce, tentata dal campo ipnotico del colore a immolarsi, diventata tutt'uno con l'oggetto che l'abbraccia e la divora al tempo stesso. David crea con il suo linguaggio artistico il tempo di un teatro appena finito, silenzio e sedie vuote, segni di una memoria immediata. D'altronde l'oggetto di design risponde al gesto immediato. Lo testimoniano tre artisti, Vanessa Beecroft, Maurizio Cattelan e Francesco Vezzoli, che con le sedie di Kartell stabiliscono un rapporto intimo, abbandonato e imbarazzato. La Beecroft rende la sedia tutt'uno con il suo corpo e quello del neonato che allatta. Un'immagine rinascimentale nella sua *total functionality*. Ogni elemento è motivato dall'altro nel creare l'immobilità dell'immagine. Vezzoli si abbandona assieme al suo ricamo sulla poltrona che lo contiene, quasi fosse diventato un nido dove riparare le proprie incertezze. Cattelan mostra il proprio imbarazzo con il proprio corpo, che si riflette nell'imbarazzo della scelta su quale delle due sedie lasciar cadere se stesso. Le sedie sembrano raccogliere l'artista trasmutate in due strani cucchiai, ma pur sempre elementi di un design psicologico di cui Cattelan è assoluto maestro. Tuttavia la vera rococò è Isa Genzken, che con le sue sculture costruisce totem improbabili alla trasparenza e alla stabilità. Mentre Kerstin Brätsch e KAYA usano il design come elemento architettonico per un cosmo anche questo barocco che richiama i cieli del Tiepolo del palazzo di Würzburg. Si percorrono sale e capitoli di un racconto in cui s'intrecciano elementi architettonici con quelli del design e dell'arte. Realtà e immaginazione convergono nell'idea di una progettazione e di una proiezione oltre l'aspetto fisico delle cose trasformando Kartell in un luogo di un'utopia contraddetta dalla sua fisicità e concretezza. Servono a questo le sedie di Heimo Zobernig e i grandi schermi di Stefano Arienti, che fanno entrare con lo sguardo dentro una foresta che ricorda i boschi del primo Mondrian quando ancora l'ordine non era una necessità e poi un'ossessione. Le sedie nella loro essenziale natura e gli alberi, che sono la natura essenziale, concludono una storia che come quella di un palazzo rococò è al tempo stesso meravigliosa e razionale, naturale e fantastica, bella e funzionale, di quel mondo che si potrebbe anche chiamare Barokartell.

Francesco Bonami

CLEAR ROCOCÒ

For the contemporary artist, design is both a subject and a vehicle for talking about other things. The language of Kartell is ideal for the kind of use that contemporary art makes of another language – design – completely different, yet at the same time sharing many hidden affinities. The Baroque functionality of Kartell and the Rococo anti-functionality of the artists involved in this storytelling exhibition are conveyed through spaces that in themselves conspire with the banality of the real.
Kartell's chairs, lamps, tables and so on could easily furnish and dialogue with the figures in the paintings of Watteau or Boucher, or fly among the clouds of Giambattista Tiepolo's skies. As lightness and transparency are the absolute hallmarks of Kartell, one can imagine a colourful labyrinth through which to view the works of the contemporary artists on display and, at the same time, the elements of Kartell's history. There is

a certain elusiveness in both art and design. The atmosphere is immaterial. It dissolves like a mirage or a mist in the desert. Enrico David engages immateriality through the form of a dragonfly drawn to a source of light, seduced by an hypnotic field of colour to sacrifice itself and become one with the object that embraces it and devours it at the same time. David creates with his artistic language the moment just after a theatrical performance, silence and empty chairs, signifiers of immediate memory. Elsewhere, the design object responds to the immediacy of the gesture. Three artists – Vanessa Beecroft, Maurizio Cattelan and Francesco Vezzoli – bear witness to this: using Kartell chairs, they establish a relationship of intimacy, abandonment and embarrassment. Beecroft makes the chair one with her body and that of a breast-feeding newborn. A Renaissance image in its "total functionality". Each element is motivated by the other in creating the stillness of the image. Vezzoli abandons himself and his embroidery on the armchair that contains him almost as if it were a nest in which to protect his uncertainties. Cattelan shows his embarrassment with his own body reflected in the embarrassment of choosing which of the two chairs to sit in. The chairs seem to collect the artist like two strange spoons, still remaining elements of a psychological design of which Cattelan is the absolute master. But the real Rococo is Isa Genzken, whose sculptures become improbable totems to transparency and stability. Kerstin Brätsch and KAYA use design as a cosmic architectural element, also Baroque, that recalls Tiepolo's skies in Würzburg. The exhibition proceeds through the rooms and chapters of a story in which architectural elements intertwine with those of design and art. Reality and imagination converge in the idea of a design that projects beyond the physical aspect of things, transforming Kartell into a utopia contradicted by its physicality and concreteness. Heimo Zobernig's chairs and Stefano Arienti's large screens are used for this purpose, as they allow the viewer to enter a forest that recalls the trees of early Mondrian, when order had not yet become a necessity, and then an obsession. The essential nature of the chairs and the trees, which are themselves the essence of nature, conclude a story that, like that of a Rococo palace, is at once marvellous and rational, natural and fantastic, beautiful and functional, of that world that could also be called Barokartell.

Francesco Bonami

Hallelujah (Yellow), Isa Genzken, 2012
Courtesy Galerie Buchholz,
Berlin/Cologne/New York
© Isa Genzken VG Bild-Kunst,
Bonn / SIAE, 2019

Papyrus, Bruno Aveillan for *K70PLay*, 2019
Director, Director of photography,
Camera Operator - Bruno Aveillan
Dancer - Fanny Sage
Editor - Thanh Long Bach
Music - Fate by Benjamin Shielden
Publishing - AOC - Attention o chiens
Camera assistant - Marc Morineau
Post producer - Nataly Aveillan @ Fixstudio
Make up artist - Masae Ito @ Atomo Management
Fashion designer - Inna Zobova
Dress - "Aida" by Innangelo

Il nostro pianeta è per sua inclinazione sottoposto a un moto perpetuo e costante. L'incessante scorrere del tempo obbliga da sempre l'umanità a muoversi.

È insita nell'uomo la pulsione per il movimento e quindi la ricerca e lo sviluppo di modalità sempre più evolute per riuscire a spostarsi e a collegarsi nel mondo. Costantemente connesso, costantemente in movimento, costantemente in sharing con il pianeta intero il "Nomade del Ventunesimo Secolo", figlio di questa nuovissima generazione che dà per scontata la globalizzazione, ha fatto di più: ha "switchato" il vocabolo "fotografia" in "immagine in movimento".

Per comunicare e per descrivere la realtà e lo spazio in cui vive non usa più la fotografia ma usa quella "immagine in movimento" che, come in una vera e propria lingua che anima in sequenza le immagini, si trasforma in linguaggio universale.

Con questo linguaggio parla di "architetture nomadi" capaci anch'esse di seguire gli spostamenti di questo popolo in costante movimento e di portare con sé i propri oggetti. Quello di cui si "parla" è quindi un design fluido, trasparente, capace di catturare la luce nel suo veloce movimento e restituirla colore. Sapersi trasformare e reinventarsi con leggerezza adattandosi ogni qualvolta atterra in un nuovo sito, pronto al successivo. Ho chiesto perciò a 70 talenti, di tutte le generazioni possibili capaci anch'essi di percepire questa vibrazione, di cercare di incanalare questo flusso, "parlando" per trenta secondi questo nuovo linguaggio. *K70PLay* sono 70 ciak di trenta secondi che "dialogano" di architetture, oggetti, personaggi, a tutte le velocità, gli equilibri e le scale. "The art side of Kartell" ospita un'anteprima del progetto. (Luca Stoppini)

Our planet is inherently subjected to a ceaseless and constant motion.

The incessant passing of time has always compelled humanity to move.

Man has an innate compulsion for movement and, therefore, for research and development of ever more evolved ways of travelling in and connecting to the world.

Always connected, always on the move, always sharing with the entire planet, the "Nomad of the Twenty-first Century", son of this brand new generation which takes globalisation for granted, has done more: he has traded the word "photography" for "moving image".

In order to communicate and describe the reality and the space in which he lives, he no longer uses photography, but rather that "moving image" which, like an actual idiom that animates the sequence of images, transforms itself into a universal language.

With this language, he speaks of a "nomadic architecture", which is also capable of following the movements of this people in constant motion and of carrying their objects with them.

What we are "speaking" about then is a fluid, transparent design that is able to capture light in its rapid movement and deliver it as colour, knowing how to transform and reinvent itself effortlessly, adapting whenever it lands in a new location, ready for the next.

I have therefore asked 70 talents, of all ages, who were also capable of perceiving this vibration, to try to channel this flow, "speaking" this new language for 30 seconds. *K70PLay* will be 70 "takes", each 30 seconds long, which will "speak" about architecture, objects, people at all paces, balances and gradations. *The art side of Kartell* hosts a preview of the project. (Luca Stoppini)

K7OPLay, Luca Stoppini, 2019

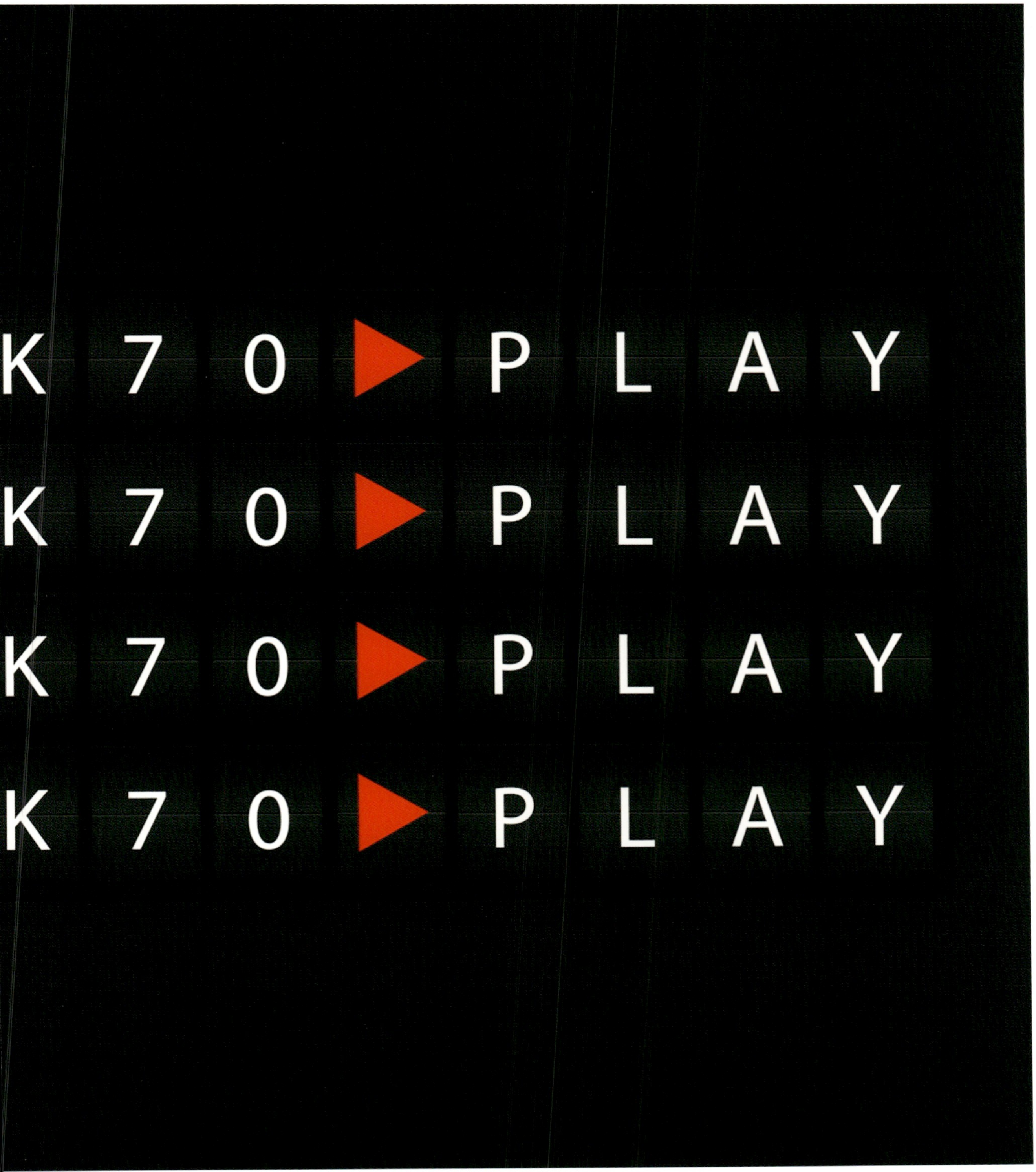
K70 PLAY
K70 PLAY
K70 PLAY
K70 PLAY

VI

"The art side of Kartell" indaga il rapporto tra arte e design nei suoi diversi linguaggi. Un rapporto di dipendenza reciproca, alimentato da sentimenti contrastanti, sempre capace di generare opere uniche e visioni originali. Arte e design sono rappresentati sia nell'opera *Stivali Italia* di Cinzia Ruggeri, dove anche la moda diventa espressione compiuta, quanto negli scatti di Don Cunningham e Armin Linke. Francesco Vezzoli, Maurizio Cattelan e Vanessa Beecroft posano con oggetti Kartell in situazioni domestiche più o meno costruite contribuendo a definirne la personalità o lo stato d'animo.

Le precedenti immagini sono in netto contrasto con l'installazione a opera di Riccardo Paratore. *Complicated Lamp* si compone di due lampade *FL/Y* replicate per 7 volte, unite sul bordo e allineate in modo da produrre un effetto ipnotico. Una riflessione sul tema del design disfunzionale che nega il fondamentale concetto di forma e funzione del design per diventare arte.

The art side of Kartell examines the relationship between art and design in all its various languages. A relationship of mutual dependency, fueled by contrasting sentiments, capable of generating unique works and original visions. Art and design are represented in the work *Stivali Italia* by Cinzia Ruggeri, where fashion becomes part of the equation, as well as in the photographs of Don Cunningham and Armin Linke. Francesco Vezzoli, Maurizio Cattelan and Vanessa Beecroft pose with Kartell products in more or less staged domestic tableaux that help define their personality and mood.

The previous images are in sharp contrast to the installation by Riccardo Paratore, *Complicated Lamp*, composed of two *FL/Y* pendant lamps replicated 7 times, that are connected at the edges and aligned to produce a hypnotic effect. A reflection of the theme of non-functional design, which, by negating the fundamental notion of the form and function of design, becomes art.

Ero/S, Vanessa Beecroft for the book
kARTell. 150 Items. 150 Artworks, 2002
Photo Armin Linke

COMPLICATED LAMP

Complicated Lamp consiste nella congiunzione di due *FL/Y* trasparenti create per Kartell da Ferruccio Laviani nel 2002. Con le sospensioni a forma di cupola che si rispecchiano a vicenda, le lampadine sono elettrificate attraverso il soffitto e il pavimento.

Nei primi anni 2000, prima della digitalizzazione dominante, le superfici di plastica trasparente erano onnipresenti nel design degli elettrodomestici o apparecchi elettronici. I prodotti si armonizzavano con l'ambiente domestico, mentre i meccanismi e l'elettronica sottostanti erano visibili per il consumatore dentro al prodotto stesso. Guardare un lettore portatile di CD attraverso il rivestimento trasparente era come guardare in un ecosistema attivato dall'intervento della pressione del tasto "play".

Con un intervento minimo sugli oggetti di design di cui si è appropriata, *Complicated Lamp* è costruita come sistema chiuso, che rende impossibile cambiare le lampadine. In termini di illuminazione, la funzionalità di *Complicated Lamp* è determinata dalla durata delle lampadine incorporate. Quando le lampadine si sono "bruciate", *Complicated Lamp* ha una funzione di vetrina dell'obsolescenza intrinseca dei beni di consumo. (Riccardo Paratore)

COMPLICATED LAMP

Complicated Lamp consists in the conjoining of two transparent *FL/Y* pendant lamps designed for Kartell by Ferruccio Laviani in 2002. With the dome-shaped pendants mirroring each other, the light bulbs are electrified via ceiling and floor.

In the early 2000s, before mainstream digitalisation, transparent plastic surfaces were omnipresent in the design of home appliances and electronics. The products would blend into the domestic environment, while the underlying mechanisms and electronics were on display for the consumer within the product itself. Looking into a portable CD player through its transparent casing was like looking into an ecosystem activated by the intervention of pushing "Play".

By minimal intervention to the appropriated design objects, *Complicated Lamp* is constructed as an enclosed system, making the exchange of light bulbs impossible. In terms of illumination, the functionality of *Complicated Lamp* is determined by the lifespan of the encapsulated light bulbs. When the bulbs have "burnt out", *Complicated Lamp* functions as a vitrine for the built-in obsolescence of consumer goods. (Riccardo Paratore)

Complicated Lamp, Riccardo Paratore, 2019
Modified Kartell *FL/Y* lamp
© The artist. Courtesy Galleria Federico Vavassori, Kartell

"… per non restare immobili"
"… so as not to remain motionless"
Cinzia Ruggeri, 2019

Stivali Italia (Italy boots), Cinzia Ruggeri, 1986
Leather boots with clutch bags, *Upper* stepladder Kartell
Variable dimensions
© The artist. Courtesy Campoli Presti, London / Paris

FPE / Ero/S, Maurizio Cattelan for the book
kARTell. 150 Items. 150 Artworks, 2002
Photo Don Cunningham

VII

Il tema della Sensualità viene di volta in volta trascritto attraverso i prodotti Kartell. Le sedie *Ero/S* divengono le opere *Corpo* e *Bocca* della serie *Identità violate* di Barnaba Fornasetti, il quale utilizza l'intera superficie della seduta come una tela. Arredi trasparenti che diventano mezzo espressivo anche nel lavoro di George Nuku, il quale, con la tecnica tradizionale maori, incide le sedute *Louis Ghost* trasformandole nei volti di personaggi carichi di simbologie, rendendo il policarbonato simile a un cristallo molato. Labbra rosse sono invece l'interfaccia umana di *Ines. Veicolo pensante terminale* del 1986, una riflessione di Denis Santachiara sul rapporto tra l'uomo e le macchine intelligenti. Ines è un robot femmina irritabile e lunatica che controlla la casa nella quale abita e che, attraverso le sue provocanti labbra di donna, spiega al pubblico il suo ruolo e come attraverso la propria voluttà riesca a capovolgere il rapporto con il suo proprietario/padrone.

Sensualità e voyeurismo anche nella sezione fotografica, dove alcuni tra i maggiori esponenti di questa tecnica espressiva, tra cui David LaChapelle, Helmut Newton e Jean-Baptiste Mondino, si confrontano con il tema del desiderio e del piacere attraverso la lente del design.

The theme of Sensuality is transmitted each time through Kartell products. The *Ero/S* chairs become the works *Corpo* and *Bocca* from the *Identità violate* series by Barnaba Fornasetti, who uses the entire surface of the seat as a canvas. Transparent furniture as a vehicle of expression is also found in the work of George Nuku, who, using a traditional Maori technique, engraves the *Louis Ghost* chairs and transforms them into faces full of symbolism, making the polycarbonate look like etched crystal. Red lips are the human interface of *Ines. Veicolo pensante terminale* of 1986, a reflection by Denis Santachiara on the relationship between man and intelligent machines. Ines is an irritable and moody female robot that controls the house she lives in and, through provocative lips, explains her role to the viewer and how she uses her feminine charms to overturn the relationship with her owner.

Sensuality and voyeurism are also present in the photographic section, where some of the greatest exponents of this expressive medium, including David LaChapelle, Helmut Newton and Jean-Baptiste Mondino, address the theme of desire and pleasure through the lens of design.

Maui, David LaChapelle for the book
kARTell. 150 Items. 150 Artworks, 2002

La Marie, Helmut Newton for the book
kARTell. 150 Items. 150 Artworks, 2002

La Marie, Helmut Newton for the book
kARTell. 150 Items. 150 Artworks, 2002

Le opere *Archduke Ferdinand Karl Anton. Te Aomarama* e *Duchess Maria Beatrice D'Este. Te Aomarama* fanno parte di un ampio corpus prodotto per il progetto "Maori in Milano. The Ducal Salon by George Nuku" realizzato dal MUDEC in collaborazione con KartellMuseo nel 2016 e presentato anche, con una installazione speciale, al Musée des Arts Décoratifs a Parigi.

The works *Archduke Ferdinand Karl Anton. Te Aomarama* and *Duchess Maria Beatrice D'Este. Te Aomarama* are part of a large corpus produced for the project *Maori in Milano. The Ducal Salon by George Nuku*, curated by MUDEC in collaboration with the KartellMuseo in 2016 and also presented, with a special installation, at the Musée des Arts Décoratifs in Paris.

The Ducal Salon, George Nuku, 2016
Work for the exhibition *Maori in Milano. The Ducal Salon by George Nuku*, MUDEC, Milan, 2016

La Marie, Jean-Baptiste Mondino for the book
kARTell. 150 Items. 150 Artworks, 2002

4043 floor and table lamp, Filippo Panseca, 1968-1973

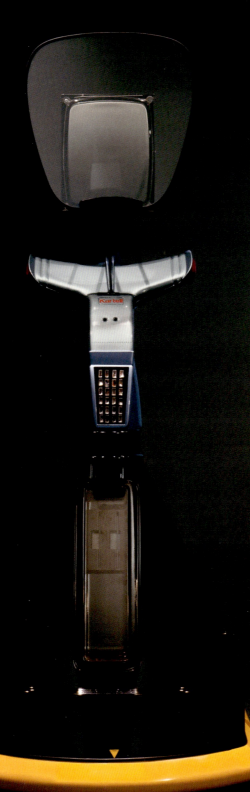

Welcome

Ines. Veicolo pensante terminale, Denis Santachiara, 1986
Work for the exhibition *Il progetto domestico*,
Triennale di Milano, 1986

Ero/S. Identità violata, Barnaba Fornasetti, 2005
Courtesy Immaginazione S.r.l.

VIII

Da sempre l'arte si confronta con i nuovi materiali traendo da essi ispirazione e nuove forme di linguaggio ed espressione. Kartell, che nel proprio DNA annovera la plastica e il colore come principali elementi identificativi, genera mescolanze di materiali e soluzioni ispirando artisti e opere. Ne è un esempio la disordinata ricchezza cromatica e materica presente nei lavori del collettivo KAYA (Kerstin Brätsch con Debo Eilers) che inglobano le luci Kartell nelle proprie creazioni ricche di sovrapposizioni. In questa sezione dedicata principalmente alla sperimentazione vi è anche Beatrice Marchi la quale, con il suo avatar Loredana con chele di granchio in materiale plastico al posto delle mani, interagisce con il pubblico presente inducendolo a riflettere sul tema della diversità intesa nel suo senso più ampio. I toni carne dell'outfit di Loredana sono esaltati dai cromatismi accesi degli arredi del suo set, un tutt'uno dissonante contrapposto all'estetica del nostro vivere contemporaneo.

Sempre parte della sperimentazione è il percorso visivo del digital artist Davide Trabucco *Conformi*, dove arte e design si mescolano con un taglio netto come a ricordare l'ancestrale ritorno alle origini. Più intricata e intima la produzione di Ataru Sato, giovane artista giapponese che racconta, attraverso l'atto del disegnare, il suo mondo e la sua esistenza fatti di ossessioni, paure, amori.

Art has always explored new materials, drawing inspiration and forging new forms of language and expression from them. Kartell, for whom plastic and colour have always been the distinguishing features of its DNA, generates mixtures of materials and solutions, inspiring artists and their works. An example of this is the chromatic chaos and material richness in the works of the collective known as KAYA (Kerstin Brätsch with Debo Eilers), who incorporate Kartell lamps in their creations, characterised by complex overlaps. Included in this section, dedicated mainly to experimentation, is Beatrice Marchi who, through her avatar Loredana, a girl with plastic crab claws instead of hands, interacts with the audience, inducing them to reflect on the theme of diversity in its broadest sense. The flesh tones of Loredana's outfit are enhanced by the bright colours of the furnishings of her set, a dissonant whole that clashes with the aesthetic of contemporary living. No less experimental is the artistic enquiry of digital artist Davide Trabucco aka *Conformi*, where art and design mix with a clean cut, as if to evoke an ancestral return to the origins. At once more intricate and intimate is the work of Ataru Sato, a young Japanese artist who describes the obsessions, fears and loves of his inner world, his existence, through the act of drawing.

Untitled, Ataru Sato, 2019
© Ataru Sato Courtesy of KOSAKU KANECHIKA, Tokyo

Qual è la migliore luce notturna per dormire?
È meglio dormire al buio o alla luce?
Le luci notturne sono sicure?
KAYA

What color of night light is best for sleeping?
Is it better to sleep in the dark or light?
Are night lights safe?
KAYA

Take Deep Red (pink), KAYA 2019
Kartell lamp, epoxy, glass stones, urethane
22.86 x 31.75 x 30.48 cm
© The artists. Courtesy Deborah Schamoni and Kartell

Take Heathers (light blue), KAYA, 2019
Kartell lamp, epoxy, glass stones, urethane,
glass paint, coins
40.64 x 30.48 x 20.32 cm
© The artists. Courtesy Deborah Schamoni and Kartell

Take Susperia (brown), KAYA, 2019
Kartell lamp, epoxy, aluminium, glass stones,
drawn glass, glass paint, urethane
17.78 x 27.94 x 34.29 cm
© The artists. Courtesy Deborah Schamoni and Kartell

Take The Angel (light green), KAYA, 2019
Kartell lamp, epoxy, aluminium, glass stones,
agates, glass paint, urethane
17.78 x 27.94 x 17.78 cm
© The artists. Courtesy Deborah Schamoni and Kartell

Take Hell-Raiser (black), KAYA, 2019
Kartell lamp, epoxy, glass stones, drawn glass
17.78 x 31.75 x 27.94 cm
© The artists. Courtesy Deborah Schamoni and Kartell

Take The Howling (white), KAYA, 2019
Kartell lamp, epoxy, glass stones, drawn glass,
agates, glass paints, urethane
17.78 x 34.29 x 22.86 cm
© The artists. Courtesy Deborah Schamoni and Kartell

Take Halloween (orange), KAYA, 2019
Kartell lamp, epoxy, glass stones, agates, urethane
17.78 x 30.48 x 17.78 cm
© The artists. Courtesy Deborah Schamoni and Kartell

Cabaret by Loredana, Beatrice Marchi, 2019 (detail)
© The artist

APERITIVO

"Posso avere delle patatine con l'aperitivo?"
Una delle prime esperienze che Loredana ebbe come adulta nel mondo, fu quella di lavorare come cameriera in un bar. "Se non sai affrontare i bar, non puoi affrontare la città" qualcuno le disse. Loredana desiderava molto imparare a sembrare a suo agio nella città e aspirava a quel tipo di serietà che solo persone con esperienza e problemi hanno. Seppur nascondendo le chele e sorridendo quando portava in giro i CV, non fu facile trovare un lavoro. Appena i manager dei bar scoprivano che lei aveva chele e non era in grado di servire ai tavoli, la mandavano via scocciati, o addirittura chiamavano tutto lo staff del bar per farsi due risate intorno a lei, ma Loredana faceva finta di stare al gioco. Odiava apparire debole. Perciò continuò ostinata nella sua ricerca. Un bel giorno tentò di entrare in una caffetteria lussuosa frequentata da calciatori famosi e showgirl della televisione. Quando Loredana si presentò al manager per chiedergli lavoro questo impazzì: Loredana era la cosa più assurda che avesse mai visto. Chiamò i suoi colleghi ad ammirarla e questa volta ci furono lacrime di commozione. Ottenne il lavoro immediatamente e presto Loredana diventò un'attrazione popolare. Le voci si diffusero in città e lei diventò così famosa che persino tv e giornali vennero a farle visita.
Tutti la volevano, la chiamavano: Loredana, la cameriera con le chele. (Beatrice Marchi)

HAPPY HOUR

"Can I have some crisps with my drink?"
One of Loredana's first experiences in the world of adults was working as a cocktail waitress. "If you can't deal with bars, you won't be able to deal with the city", someone told her. Loredana wanted to learn how to appear comfortable in the city, to have the kind of seriousness that only grown-ups with experience and problems have. Though she hid her claws and smiled when delivering her CV, it wasn't easy to find a job. As soon as the employers found out that she had claws and was unable to serve tables, they would send her away annoyed, or even call the whole bar staff to have a laugh around her, and Loredana would pretend to laugh along with them. She hated appearing weak. So, she stubbornly continued her search. One day, she applied for a job at a posh café frequented by famous footballers and television showgirls. When Loredana introduced herself to the manager, he was over the moon. Loredana was the most fabulous thing he had ever seen. He called his colleagues to marvel at her and this time her tears were of happiness. She was hired immediately, and soon Loredana became a popular attraction. Word spread around the city and she became so famous that journalists and TV crews would come to see her.
Everyone wanted a piece of her, everyone looked for her: Loredana, the waitress with the claws.
(Beatrice Marchi)

"Questo gambero è vivo!"
Aprile 2019

"This shrimp is alive!"
April 2019

This shrimp is alive!, Nelly Hoffmann, 2019
Illustration for Loredana's outfit, marker-pen on paper
© The artist

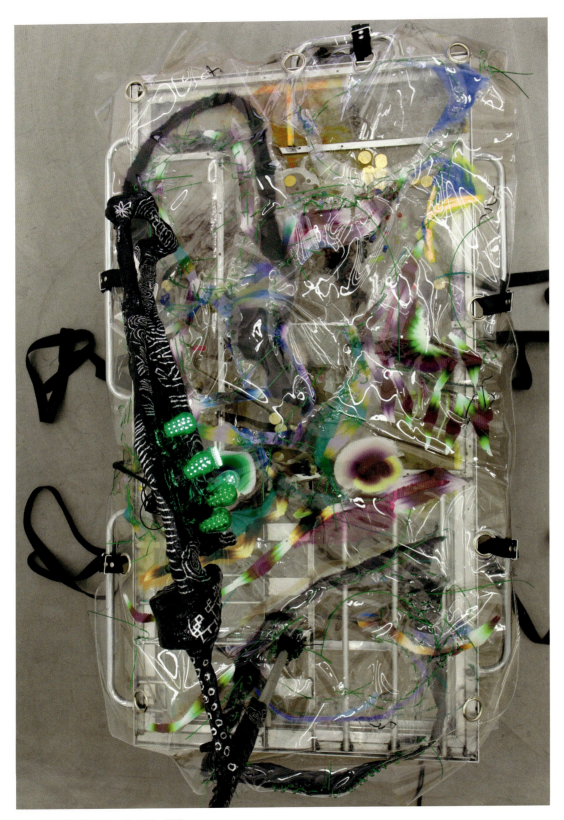

SPREPPER_SCHNAKEN Table #1, KAYA, 2015
Aluminium, urethane, metal, oil on mylar, vinyl, grommets,
epoxy, vinyl rope, plastic rods, electrical cord
170 x 235 x 130 cm
© The artists. Courtesy Gallery Meyer Kainer, Vienna

KAYA è un progetto collaborativo fra Kerstin Brätsch e lo scultore statunitense Debo Eilers, che ha inizio nel 2010. Il nome KAYA si deve a Kaya Serene, la figlia di un amico d'infanzia di Eilers. Serene innesca tra i due un'energia di sintesi, in parte attraverso un coinvolgimento in prima persona nella loro collaborazione, in parte divenendo un terzo immaginario nell'ambito dello scambio artistico. Questa invocazione di un "organismo terzo" consente a entrambi gli artisti di fare un passo indietro rispetto alla propria autorità creativa, e ampliare la pratica artistica di entrambi.

KAYA agisce da corpo immaginario e reale, riunendo i metodi formali, pittorici e metabolici nella produzione identitaria dei due.

Insieme, essi travalicano il confine tra pittura e scultura, mescolando i generi in un nuovo approccio artistico ibrido e totale. Ricettacoli di una sorta di intersoggettività che insieme trattiene e sublima l'individualità degli artisti, le opere presentano anche una logica geologica, una storia organica della loro stessa pratica. Questa preserva o frantuma e riconverte le precedenti installazioni ed espressioni effimere di KAYA, per trasformarle in lavori futuri, e riutilizzando il passato di KAYA in un organismo molteplice e sempre in divenire.

Di recente, KAYA ha superato la figura di Kaya Serene per diventare piattaforma di collaborazione che si estende oltre il prodotto artistico di Brätsch and Eilers, per incorporare le energie creative della comunità che si raduna intorno a ogni replica del progetto. Spesso questo coinvolge altri artisti, ma anche studenti, curatori, studiosi e l'istituzione che ospita i molti progetti KAYA.

KAYA is a collaboration between Kerstin Brätsch and the American sculptor Debo Eilers that began in 2010. The name KAYA is a reference to Kaya Serene, the daughter of one of Eilers' childhood friends. Serene releases a synthesising energy between the two – partly through her participation in their joint actions, partly as an imaginary third person in their artistic exchange. This invocation of a "third body" allows both artists to take a step back from their creative authority and open up their respective artistic practices.

KAYA is acting as a fictional and concrete body, conjoining formal, painterly and metabolic procedures in their productions of identity.

Collaboratively they traverse the boundaries between painting and sculpture, fusing both genres into an altogether new, hybrid artistic approach. Containers for a kind of intersubjectivity that both retains and sublimates the artists' individual hands, the works also offer a geological logic, an organic history of their own making, as they preserve or pulverise and retool the former KAYA performance objects and ephemera into upcoming works, and reuse from KAYA's past into a multiple, ever-becoming body.

More recently, KAYA has moved beyond the figure of Kaya Serene and has become a collaborative platform that reaches beyond the artistic output of Brätsch and Eilers to incorporate the creative energies of the community that it builds around itself for each iteration of the project. Oftentimes this includes fellow artists, as well as students, curators, academics, and the institution that plays host to the many KAYA projects.

NOTE SU KERSTIN
Mattia Ruffolo

1. Il nero è da intendersi come per le società primitive (pacifiche e matriarcali): rappresenta la fertilità ed è anche il colore delle umide caverne, del fertile suolo e dell'utero della Dea dove la vita ha inizio.
2. *"I swam with giant turtles, I walked on glass (lava) with my sunshields (glass)"* – Kerstin Brätsch
3. Luoghi esotici e isolati, popolati da flora e fauna ormai estinte. L'atmosfera è vibrante: un vulcano sfoga e tutt'attorno solo oceano.
4. I dipinti sono come psicogrammi, segni caldi e immaginifici nei quali non si riconoscono e non sembrano rappresentati né oggetti né simboli: sono slanci, violente scariche di energia, che esprimono sensazioni come caldo o freddo, luce o tenebre, amore o odio, vita o morte.
5. Vivono nell'acqua o dall'unione di antichi minerali. Non sono ancora né demoni né dei. Arrivano prima dell'Uomo, della fantasia, della storia, del mito, della religione.
6. Ha seppellito e si è seppellita. Il tabù della morte non ha mai cessato di stimolare il pensiero umano e i rituali funerari possono essere espressioni catartiche simbolo di rinascita.
7. L'atto ha le sue motivazioni. Il segno è l'effetto ma il lavoro rimane incompiuto.
8. Tra le linee di piombo dei vetri antichi sono impigliati degli spiriti, come nella rete di un acchiappasogni.
9. Alchimia dal greco khymeia (χυμεία), significa fondere, colare, saldare, allegare.
10. Non rivolge lo sguardo al cielo per trovare Dio. Scende nelle viscere della terra per congiungersi alla Dea.
11. Poli'ahu sta piangendo, lacrime votive di pietra.

Questo testo è originariamente apparso in occasione della mostra "Full-Fall presents Kerstin Brätsch (Poli'ahu's Cure)" presso GióMARCONI, Milano, 2016.

NOTES ON KERSTIN

1. Black should be perceived as in primitive (peaceful and matriarchal) societies: it represents fertility, and it is also the color of damp caves, fertile soil, the uterus of the Goddess where life begins.
2. *"I swam with giant turtles, I walked on glass (lava) with my sunshields (glass)"* – Kerstin Brätsch
3. Exotic and isolated places, populated by flora and fauna now extinct. The atmosphere is vibrant: a volcano vents smoke, and all around there is only the ocean.
4. The paintings are like psychograms, warm and richly imaginative signs in which neither objects
nor symbols are recognizable or seem to be represented: they are outbursts, violent discharges of energy that express sensations like hot or cold, light or shadow, love or hate, life or death.
5. They live in the water and from the union of ancient minerals. They are not yet either demons or gods. They come before Man, fantasy, history, myth, religion.
6. She has buried, and has buried herself. The taboo of death has never ceased to stimulate human thought, and funeral rites can be cathartic expressions symbolizing rebirth.
7. The act has its motivations. The sign is the effect, but the work remains unfinished.
8. Spirits are snared between the lines of lead of antique windows, as in the net of a dreamcatcher.
9. Alchemy by greek khymeia (χυμεία), means melting, dripping, welding, inclose.
10. She does not look to the sky to find God. She descends into the bowels of the earth to unite with the Goddess.
11. Poli'ahu is crying, votive tears stones.

This text originally appeared on the occasion of the exhibition *Full-Fall presents Kerstin Brätsch (Poli'ahu's Cure)* at GióMARCONI, Milan, 2016.

Lacrima di PELE (naked eye planet)
& Ka Wahine Ai Honua_the Earth eating woman (witchfinger),
Kerstin Brätsch, 2012–2016 & 2015
Lacrima di PELE (naked eye planet), 2012–2016,
from "All Ready Maid Betwixt and Between" series
Antique glass shards, agate, crown glasses, lead, lustre
and enamel and stencil black on baked antique glass
Glass: ca. 95 x 62 x 2.1 cm
Presented on Full-Fall Struttura #3 (duo-grande):
212.5 x 195.5 x 70 cm
© The artist. Courtesy GióMARCONI, Milan

Pignone, Cortile della Pigna | Vatican City, 1st century
VS Ferruccio Laviani, Kabuki, 2016, Conformi, 2019

Giuseppe Robecco, Colonna del Leone, Milano, 1628
VS Anna Castelli Ferrieri, Componibili, 1969, Conformi, 2019

Gian Lorenzo Bernini, Throne of Saint Peter,
St. Peter's Basilica | Vatican City, 1647-1653 VS

Philippe Starck, Louis Ghost, 2002, Conformi, 2019

Paolo Uccello, Tebaide, 1460
VS Ferruccio Laviani, Taj, 2012, Conformi, 2019

Bookworm, Javier Mariscal, 1994

IX

Trovare nuove pratiche espressive, nuovi modi di colloquiare anche attraverso il materiale è ciò che Kartell nel 1970 ha sperimentato attraverso la creatività di Agenore Fabbri creando una serie di multipli d'artista tra cui l'opera *Mani*, realizzata con tecniche di stampaggio e componenti plastici che da sempre competono all'azienda. Pio Manzù realizza il *Portaoggetti* da tavola. Inoltre nel 1972 partecipa alla mostra "Italy: The New Domestic Landscape" curata da Emilio Ambasz al MoMA di New York, realizzando i prototipi abitativi di Gae Aulenti, Marco Zanuso, Richard Sapper ed Ettore Sottsass. In quegli anni il video diviene un luogo di ricerca, lasciandoci così una traccia indelebile di quei progetti radicali e innovativi attraverso performance che rimandano al coevo teatro sperimentale. Sempre di Sottsass il progetto di sgabelli e vasi del 2004, realizzati in parte nel 2016 con l'avvento di tecnologie che hanno consentito di trasformare i prototipi in prodotto industriale.

Finding new expressive practices, new ways of communicating through materials is what Kartell set out to do in 1970 through the creativity of Agenore Fabbri, creating a series of artist's multiples including the work *Mani*, made with a combination of moulding techniques and the plastic components the company has always made. Pio Manzù created his desktop organiser *Portaoggetti* and in 1972 he also took part in the exhibition *Italy: The New Domestic Landscape*, curated by Emilio Ambasz at MoMA in New York, creating prototypes for Gae Aulenti, Marzo Zanuso, Richard Sapper and Ettore Sottsass. In those years, the video became a locus of enquiry, leaving us an indelible record of those radical and innovative performance projects that draw on the experimental theatre of the time. Sottsass also designed stools and vases in 2004, some of which were made in 2016 with the advent of technologies that enabled the transformation of prototypes into industrial products.

Bookworm, Karl Lagerfeld for the book
kARTell. 150 Items. 150 Artworks, 2002

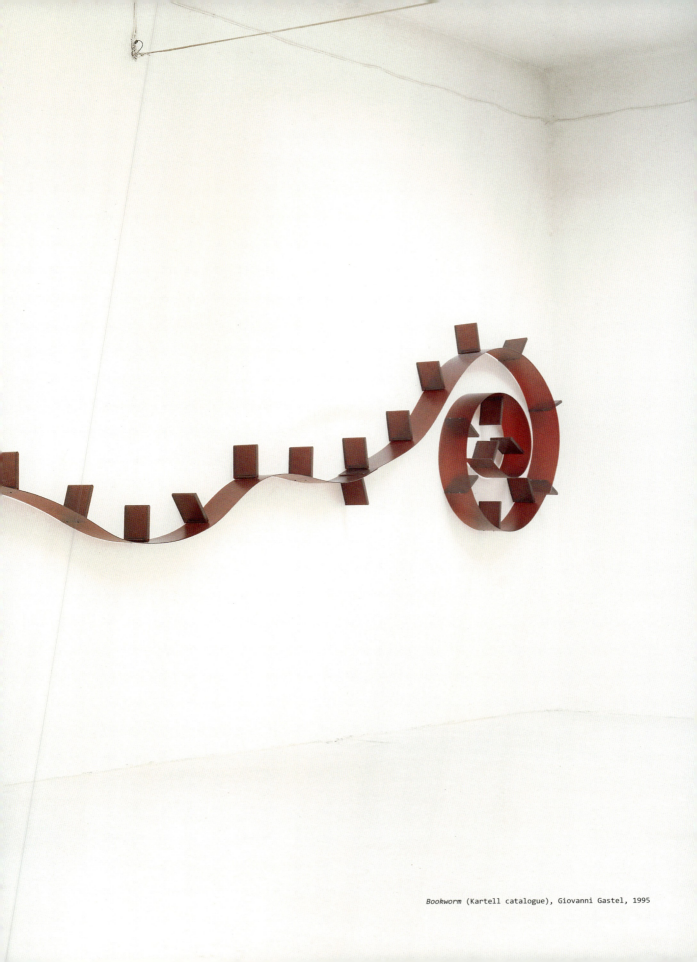

Bookworm (Kartell catalogue), Giovanni Gastel, 1995

LE MAGICHE ICONE DI KARTELL

La domanda che mi sono posto prima di scrivere questo testo è stata: "cosa sarebbe mancato alla mia vita senza Kartell?". Certamente sarebbero mancati la fantasia, il colore, la creatività, il gioco, il rinnovamento perenne. Perché questo è Kartell: una grande forza creativa ma spesso giocosa e leggermente autoironica. I prodotti sono un'operazione creativa perenne che reinventa lo spazio e lo ridefinisce in termini di funzione che si fa arte e di arte che si fa funzione. Il messaggio visivo di Kartell è chiaro e preciso. L'allusione al mondo reale e convenzionale è relativa, il mondo Kartell è un rinnovato tentativo di reinventare il mondo secondo regole personali e straordinarie. La lunghissima storia dell'azienda che oggi festeggia i settant'anni è un inseguire perennemente la scatenata e liberatoria creatività che ha coinvolto il mondo variegato e multiforme dei massimi designer mondiali. E ogni oggetto è scolpito nella memoria collettiva tanto da divenire caratterizzante in moltissime opere d'arte scultoree, pittoriche e fotografiche. Specchio del tempo e insieme fuori del tempo, queste icone del design sono ormai parte del nostro vedere e sentire il nostro tempo.

Simboli e icone quasi magiche, le straordinarie opere non sono che le lancette in perenne movimento del tempo che scorre. Mentre scrivo ho davanti a me, nel mio studio fotografico, un mare di sedie prodotte da Kartell e la sensazione è che davvero la creatività e il genio siano infiniti e illimitati. La varietà e la vastità delle declinazioni di questo semplice ed essenziale oggetto di uso comune rende evidente che non è cosa si fa che conta ma il come lo si fa. E l'azienda ha sempre creduto nella bellezza ma anche nella qualità altissima del prodotto finito. Impressiona la lista dei collaboratori che sfilano davanti a noi in questa teoria di prodotti in continua evoluzione, ma altrettanto impressiona la maestria di coloro i quali hanno realizzato da queste geniali intuizioni prodotti reali e fisici.

Come fotografo poi ho sempre ritenuto Kartell e i suoi prodotti soggetti straordinari e capaci di alimentare la fantasia. E con me una teoria di straordinari fotografi hanno reso tributo all'azienda con opere che sono già nella storia della fotografia. Da Ballo a LaChapelle, da Galimberti a Mondino, da Lagerfeld a Vanessa Beecroft. Artisti straordinari hanno formato la teoria di immagini a corredo della vita dell'azienda. I loro mondi creativi hanno inserito i prodotti in un racconto che è quello dell'arte che ricrea la realtà in una rilettura costante e personale, eppure in ogni opera il vero soggetto diviene il prodotto, dimostrando così la sua potenza comunicativa. Se è vero, come credo, che il futuro prossimo venturo segnerà la caduta delle barriere fra le diverse culture e le diverse arti a Kartell va dato merito di aver cominciato questo processo tra i primissimi. La contaminazione culturale è sempre stata al centro della filosofia dell'azienda e ha creato straordinari ponti fra culture che possono sembrare lontane e arti apparentemente non imparentate, preludendo il futuro. Immergendo le nostre vite nel bello e nel colore ha in pratica abbattuto le residue barriere fra arte togata e mondo reale. Così, senza accorgersene, i prodotti Kartell sono entrati a far parte della nostra vita con la loro leggerezza piena di sogno e colore. Una lunga vita di creazioni straordinarie ha collegato la fantasia al reale in un inseguimento perenne ed entusiasmante. Questa azienda, vanto della produzione italiana che è connessa con il meglio del mondo creativo internazionale, è anche prova che l'arte non ha bisogno di barriere e che la ricerca dell'armonia e dell'eleganza è insita nell'uomo a qualsiasi latitudine. Non c'è società che non conosca espressione artistica e che non usi l'arte come viatico per superare i limiti e il peso del vivere comune. Le opere di Kartell aiutano a considerare questo aspetto dell'arte come compagno di viaggio e di questo non possiamo che ringraziarla tutti. A conclusione posso dire che se Kartell non avesse accompagnato la mia vita mi sarei sentito certamente più solo.

Giovanni Gastel

KARTELL'S MAGICAL ICONS

The question I asked myself before writing this piece was: "What would have been missing from my life without Kartell?". Well, it certainly would have had less in the way of imagination, colour, creativity, playfulness and perpetual renewal. Because this is what Kartell is all about: a great creative force, but one that is often playful and slightly self-deprecating. Their products constitute a ceaseless creative operation that reinvents space and redefines it in terms of function becoming art and art becoming function. Kartell's visual message is clear and precise. The allusion to the real, conventional world is relative, the world of Kartell is a renewed attempt at reinventing the world according to rules that are highly personal and very much out of the ordinary. The time-honoured history of the company – today celebrating its 70th anniversary – has had at its centre an unwavering commitment to pursuing unbridled, liberating creativity; a commitment that has seen it engaged with the variegated and multifarious world of the planet's greatest designers. And every object is carved into the collective memory to such an extent as to have become a feature of a multitude of sculptural, pictorial and photographic works of art. Mirroring the times while also standing outside of them, these design icons have now become part of our way of seeing and feeling our time.

Almost magical symbols and icons, the phenomenal pieces are nothing but the perennially moving hands of the flow of time. I have before me in my photo studio, as I write, a plethora of chairs made by Kartell, and my feeling really is that the creativity and genius within them are infinite and unlimited. The variety and immensity of the interpretations of this simple and essential everyday object evince the fact that it is not what you do that counts, but the way that you do it. And the company has always believed in beauty, but also in the highest quality of the finished product. I am certainly impressed by the list of collaborators who are paraded in front of me through this cavalcade of continuously evolving products, but by the same token I am also amazed by the virtuosity of those who, out of these brilliant intuitions, have created real, physical products.

As a photographer, I have always considered Kartell and its products to be exceptional subjects, endowed with the capacity to fuel the imagination in a remarkable fashion. And alongside me, a procession of outstanding photographers have paid tribute to the company with images that have already gone down in the history of photography: from

Ballo to LaChapelle, from Galimberti to Mondino, and from Lagerfeld to Vanessa Beecroft. Extraordinary artists have created the extraordinary array of images that has paralleled the life of the company. The creativity of each of these artists has seen the products involved in the telling of a story – the story of art recreating the world in a constant, personal re-reading; and yet in every work the true subject becomes the product, thus demonstrating its communicative force. If it is true, as I believe, that in the near future we shall witness the disappearance of the barriers between the various cultures and the various arts, Kartell should be credited with having been amongst the very first to kick-start this process. Cultural cross-fertilisation has always been at the centre of the company's philosophy, and has built breathtaking bridges between apparently distant cultures and apparently unconnected art forms, foreshadowing the future.

Immersing our lives in beauty and colour has, in practice, removed the residual barriers between refined art and the real world. In this way, without us even realising it, Kartell's products – with their lightness so full of dreams and colour – have become a part of our lives. A long history of unrivalled creations has seen fantasy fused with time and again with reality on what has been a thrilling, never-ending adventure. This company, the pride and joy of the Italian manufacturing sector, which taps into the very best international creativity, also provides proof positive that art has no need for barriers, and that the search for harmony and elegance is shared by people at all latitudes. There is no society that does not express itself artistically or does not use art as a trusted tool through which to overcome the limits and the burdens of shared living. Kartell's works help us to consider this aspect of art as a travelling companion, and for this we should all thank the company. In conclusion, I can confidently state that had Kartell not been by my side throughout my life, I would certainly have felt more alone.

Giovanni Gastel

Acceleration Kartell, Giovanni Gastel and Uberto Frigerio, 2019

Nel 1993 l'opera in acciaio *This Mortal Coil* di Ron Arad ha ispirato *Bookworm*, la prima libreria flessibile non in linea retta diventata prodotto simbolo e prova tangibile del sottile persistente legame tra arte e design. Opera d'arte che diventa oggetto funzionale nella trasformazione materica, è stata riletta nella fotografia da alcuni grandi maestri come Karl Lagerfeld e Giovanni Gastel, ma anche dall'artista spagnolo Javier Mariscal che la rappresenta in una sua illustrazione.

In 1993 the work in steel *This Mortal Coil* by Ron Arad inspired his *Bookworm*, the first flexible, non-rectilinear bookcase, which became a symbol and a tangible proof of the subtle and persistent link between art and design. A work of art that becomes a functional object in its material transformation, it has been portrayed in photography by numerous masters such as Karl Lagerfeld and Giovanni Gastel, but also by the Spanish artist Javier Mariscal, who depicts it in one of his illustrations.

This Mortal Coil, Ron Arad, 1993
Courtesy Ron Arad and Associates Ltd

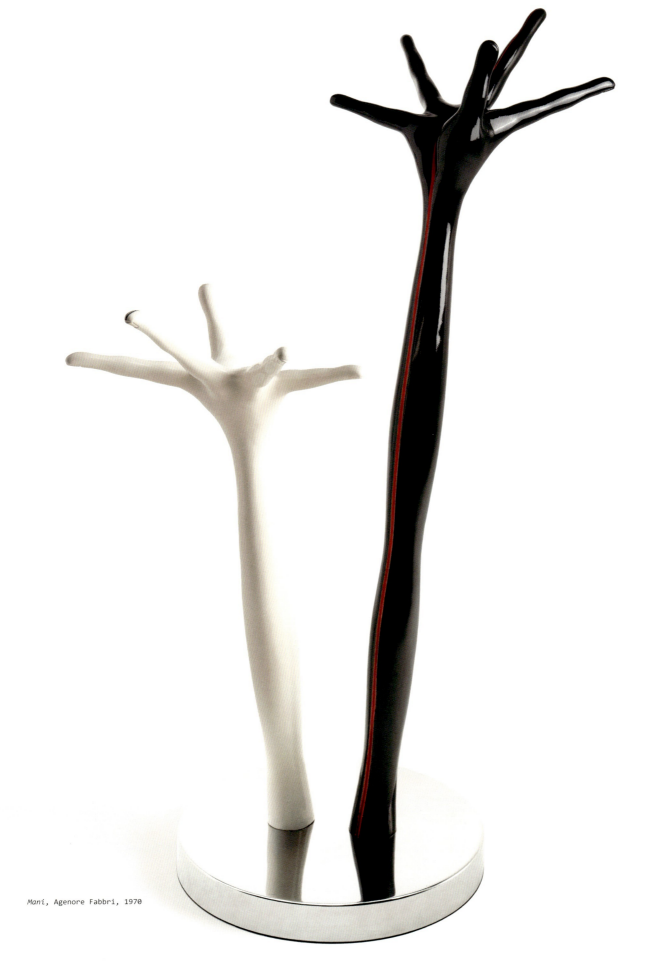

Mani, Agenore Fabbri, 1970

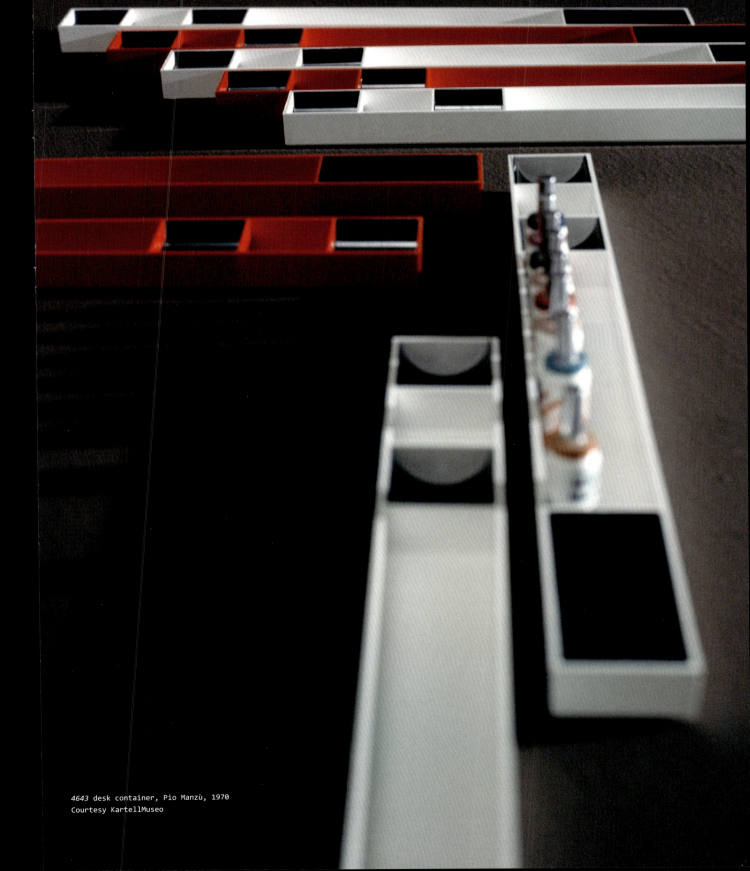

4643 desk container, Pio Manzù, 1970
Courtesy KartellMuseo

ITALY: THE NEW DOMESTIC LANDSCAPE

Kartell

dal 23 maggio 1972

AL MUSEUM OF MODERN ART NEW YORK

con tre prototipi progettati da:
Gae Aulenti
Ettore Sottsass jr.
Marco Zanuso
realizzati in collaborazione con l'Anic

e sette prodotti selezionati disegnati da:
Anna Castelli Ferrieri
Joe Colombo
Ignazio Gardella
Marcello Siard
Giotto Stoppino
Marco Zanuso

La mostra "Italy: The New Domestic Landscape", che si è tenuta al MoMA di New York nel 1972, ha indagato il fenomeno del design italiano degli anni sessanta e settanta ed è stata la pietra miliare e fondativa del Made in Italy. Furono chiamati a partecipare all'esposizione i principali designer italiani del tempo che espressero la propria visione dell'habitat di allora creando prototipi abitativi e, nel caso specifico, Kartell realizzò gli spazi ideati da Gae Aulenti, Ettore Sottsass, Marco Zanuso e Richard Sapper.

The 1972 exhibition *Italy: The New Domestic Landscape*, held at MoMA in New York, investigated the phenomenon of Italian design in the 1960s and 1970s and was the cornerstone and foundation of Made in Italy. The foremost Italian designers of the time were invited to take part in the exhibition, expressing their vision of modern living by building prototypes of habitats and, in the specific case, Kartell created the spaces designed by Gae Aulenti, Ettore Sottsass, Marco Zanuso and Richard Sapper.

Italy: The New Domestic Landscape, MoMA, 1972
Courtesy Valerio Castelli

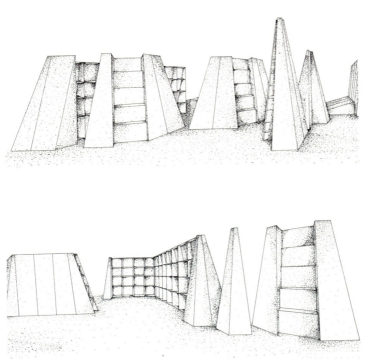

Production still from the film *Italy: The New Domestic
Landscape / Grandi Contaminazioni*, prototype by Gae Aulenti,
film directed by Massimo Magri, 1972

Drawings for the living environment prototype
Grandi Contaminazioni, Gae Aulenti, 1972

Production still from the film *Italy:
The New Domestic Landscape / Grandi Contaminazioni*,
prototype by Ettore Sottsass, film directed by Massimo Magri, 1972

Calice, Colonna, Rocchetto, Bobina, Lombrico,
Pilastro, Stele e Anfora, Ettore Sottsass, 2004

Chimère, Jean-Marie Massaud, 2018
Courtesy Sylvie Lesieur

The Big Doodle, Adrien Fregosi, 2018
Courtesy RBC Montpellier, Helenis

Untitled (*Bourgie* lamp), Lenny Kravitz, 2014

Nel 1986 Mattel commissionò ad Andy Warhol il ritratto di Barbie consacrando definitivamente il concetto di pop. Ventitré anni dopo Mattel e Kartell celebrarono nuovamente questo rapporto presentando in scala reale e ridotta gli arredi Kartell per la casa di Barbie. Il pop diviene quindi forma espressiva e d'arte che coinvolge musica, cinema, televisione, video, rete e tutti quei linguaggi nati o che sono andati modificandosi assieme alla società nel corso di questi ultimi settant'anni. Videoclip di Lady Gaga, Carosello, Mickey Mouse, le poltroncine *Mademoiselle* di Philippe Starck o le *Bourgie* in versione rock di Lenny Kravitz e Pharrell Williams, i fumetti di Massimo Giacon, tokidoki, la Street Art di Tristan Eaton, tutti sono accomunati dalla matrice pop attraverso cui raccontare come l'azienda, i suoi prodotti e la sua identità, sia entrata ormai nell'immaginario collettivo.

Non ultimo il cinema, divenuta ormai una conclamata forma d'arte, che frequentemente ha utilizzato oggetti Kartell per identificare il carattere dei propri personaggi o per enfatizzare sequenze e situazioni e ne sono esempio palese e universalmente conosciuto *Il diavolo veste Prada* o *La grande bellezza*.

In 1986, Mattel commissioned Andy Warhol to paint a portrait of Barbie, definitively consecrating the concept of Pop. Twenty-three years later, Mattel and Kartell celebrated this relationship by presenting Kartell's furniture for Barbie's home, in both full and reduced scale. Pop thus becomes an expressive and artistic form that involves music, cinema, television, video, the web, and all those languages born of or modified by the societal changes of the past 70 years. Video clips with Lady Gaga, Carosello and Mickey Mouse, the *Mademoiselle* armchairs by Philippe Starck, the *Bourgie* lamp in a rock version by Lenny Kravitz and Pharrell Williams, the comics of Massimo Giacon, tokidoki, the street art of Tristan Eaton, all share an underlying Pop matrix through which to recount how the company, its products and its identity have entered the collective imagination. Last but not least, the film industry has frequently used Kartell objects to identify the personalities of its characters, or to accentuate sequences and situations, *The Devil Wears Prada* and *The Great Beauty* being among the more universally known examples.

Louis Ghost and Lou Lou Ghost, tokidoki, 2017

Barbie Dream House. Barbie Goes Design with Kartell, Milano, 2009

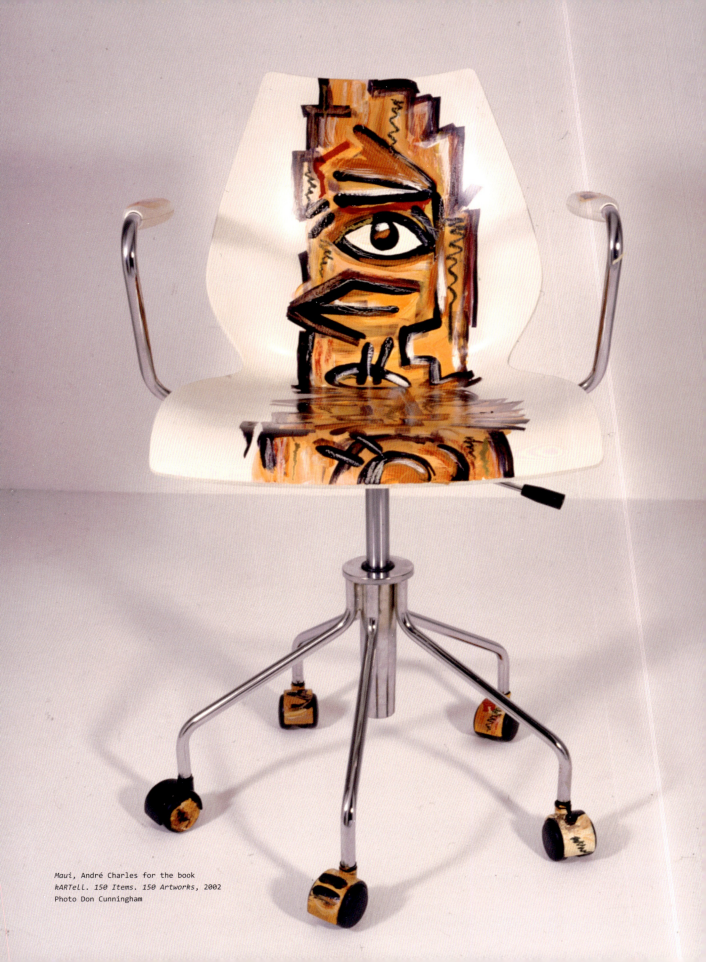

Maui, André Charles for the book
kARTell. 150 Items. 150 Artworks, 2002
Photo Don Cunningham

Maui, Tristan Eaton for the book
kARTell. 150 Items. 150 Artworks, 2002
Photo Don Cunningham

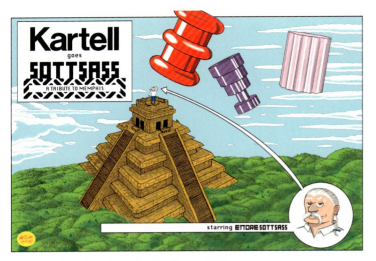

Close Encounters, Massimo Giacon, 2016

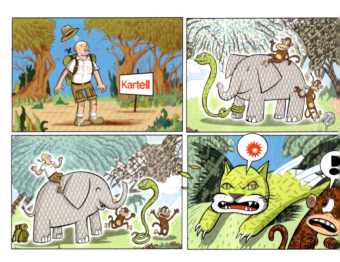

Ettore Sottsass in the Texture Land!, Massimo Giacon, 2016

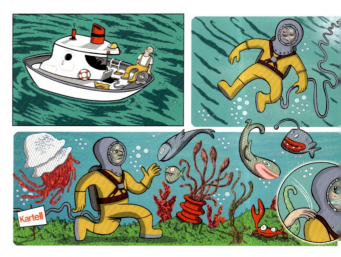

Under the Sea..., Massimo Giacon, 2016

Shade (*Bourgie* lamp), Pharrell Williams, 2014

Untitled (Bourgie lamp), reproduction inspired
by *Bad Romance*, video clip by Lady Gaga, 2009

Untitled, Heimo Zobernig, 2004
Kartell Chair *Maui*
Gold paint, polypropylene, steel
79 x 55 x 55 cm
Photo archive HZ
© The artist

XI

La luce quasi abbagliante che riporta al giorno e alla fine del viaggio.

La presenza dell'oro nelle due installazioni che convivono quasi in modo simbiotico di Heimo Zobernig e Stefano Arienti.

Fra gli alberi è il titolo del lavoro commissionato da Kartell ad Arienti nel 2015 per la riapertura del KartellMuseo a Noviglio. In perfetto equilibrio con l'opera di Arienti occupano lo spazio attraverso la loro staticità quasi monolitica le quaranta sedute che compongono l'opera di Heimo Zobernig che di recente si è arricchita dell'aggiunta delle sedie *Maui* e *Nihau* disegnate da Vico Magistretti. Queste sedute, oggetti semplici accomunati dalla sola funzione, vengono ricoperte di una scintillante patina d'oro che ne stravolge il significato e il valore. L'oro è presente anche nell'opera in cui è protagonista uno degli *Gnomes* sul quale Gabriele Basilico siede per un suo autoscatto dalla poetica solitudine.

The almost blinding light that brings us back to the day and to the end of the journey. The presence of gold in the two, almost symbiotic installations by Heimo Zobernig and Stefano Arienti.

Fra gli alberi is the title of the work commissioned by Kartell to Arienti in 2015 for the reopening of the KartellMuseo in Noviglio. In perfect balance with Arienti's work, the forty chairs that make up Heimo Zobernig's work occupy the space with almost monolithic staticity, which has recently been enriched by the addition of the *Maui* and *Nihau* chairs designed by Vico Magistretti. The grouping of chairs, simple objects that share the same function, is covered with a sparkling gold patina that distorts meaning and value. Gold is also a feature in the third work exhibited in this last room: one of the *Gnomes* on which Gabriele Basilico sits for a self-portrait of poetic solitude.

Dal 2004 colleziono varianti o parafrasi della famosa sedia *Ant* di Arne Jacobsen, disegnata nel 1951 per la mensa di un'azienda danese e ripresa nel 1955 con la *Series 7*: gambe di tubolare in ferro e sedile in impiallacciatura laminata, modellata a stampo.

Arne Jacobson impiega una tecnica ideata da Charles e Ray Eames grazie alla quale il compensato può essere piegato in tre dimensioni. A tutt'oggi, questi modelli sono stati oggetto di infinite modifiche e imitazioni. Nell'ambito delle sue variazioni formali troviamo figure prototipiche della scultura moderna, quali quelle introdotte da Jean Arp o Henry Moore.

Compro queste sedie di seconda mano ma anche nuove. Nel mio studio vengono restaurate – se necessario –, pretrattate e rifinite con una vernice dorata. Da un lato il colore oro prende posizione contro il dogma dell'autenticità del materiale, dettato dalla modernità. Dall'altro ha una funzione di manifesto sulla monocromia.

La mia collezione conta adesso più di cinquanta esemplari, tra i quali i modelli *Maui* e *Nihau* di Kartell.
(Heimo Zobernig)

Since 2004, I have collected variations or paraphrases of the famous *Ant* chair by Arne Jacobsen, which he designed in 1951 for the canteen of a Danish company and which was further developed in 1955 with the *Series 7*: tubular steel legs and a seat made of pressure moulded laminated veneer.

Arne Jacobson uses a technique invented by Charles and Ray Eames, through which plywood can be bent in three dimensions. To this day, these models have found countless modifications and imitations. Within his formal variations we can find prototypical figures of modern sculpture, as introduced by Jean Arp or Henry Moore.

I buy these chairs second hand but also brand new. In my studio, they are restored – if needed – pre-primed and finished with a gold varnish. On the one hand, the colour gold takes a stand against the dogma of material truthfulness of modernity. On the other hand, it serves as a statement on monochromy.

My collection has now grown to over fifty examples including the models *Maui* and *Nihau* by Kartell.
(Heimo Zobernig)

Untitled, Heimo Zobernig, 2004
Chairs (various models), gold gravestone paint, plywood, steel
Variable dimensions
Essl Museum, Klosterneuburg / Wien, 2011
Photo archive HZ
© The artist

L'opera *Fra gli alberi* consiste di drappi alti 9 metri (da terra a cielo), realizzati con teli antipolvere da ponteggio bianchi, leggeri e semitrasparenti, sui quali l'artista ha dipinto a mano con inchiostro oro alberi stilizzati per tutta la loro altezza. Ai loro piedi, in scala reale sono raffigurati con la stessa tecnica alcuni fra i prodotti più conosciuti come *Masters, Bourgie, Gnomes, Louis Ghost, Bubble Club*. La luce zenitale che lambisce l'opera carica gli alberi del bosco di riflessi dorati che mutano con il trascorrere delle ore, un giardino immaginario dove vengono raffigurati altissimi alberi e insieme alcuni prodotti Kartell.

Fra gli alberi consists of draperies that hang from a height of 9 metres (from the ground up to the sky), made of white staging tarps, lightweight and semi-transparent, on which the artist has hand-painted stylised trees in gold ink that run the entire length. At floor level, he uses the same technique to depict life-size images of some of Kartell's best-known products, like *Masters, Bourgie, Gnomes, Louis Ghost*, and *Bubble Club*. The light shining from above illuminates the trees with golden reflections that change with the passage of time, an imaginary garden of magical trees and timeless Kartell creations.

Fra gli alberi, Stefano Arienti, 2015

Fra gli alberi, Stefano Arienti, 2015

Milano-Porta Nuova 2011, Gabriele Basilico, 2011
Courtesy Federico Luti

OUROBOROS

Attraverso l'artificio dei rimandi e delle connessioni, dei processi di ridefinizione del sistema immagine e della sua interpretazione nell'epoca postideologica, il percorso espositivo di "The art side of Kartell" restituisce una dimensione frammentaria e duttile, volutamente atemporale e in grado di consegnare una temporalità non lineare o organica, ma onirica e surreale. Cesure, strappi e vuoti, irrealtà virtuali si susseguono e si inseguono in un'osmosi di stati intermedi e transitori, articolando una drammaturgia di informazioni multiple. Visioni impalpabili di paesaggi, linguaggi senza materia e corpi fisici si sovrappongono a stralci di ordinaria memoria domestica e a materiali della vita quotidiana. Con approccio e metodo interdisciplinare, Kartell celebra le sue 7 decadi di storia con una mostra che non a caso ruota e incentra il suo impianto intorno al numero 7. 7 come i giorni della settimana, come i peccati capitali, come i nani di Biancaneve e anche molto altro, la 7UP, ad esempio, nota gassosa al gusto di limone e lime, a cui ironicamente fa riferimento Bob Wilson a commento delle sue *7 Electric Chairs... As you Like it!* (2011). Il 7 è un numero che in natura denota la periodicità dei fenomeni. Lo spettro luminoso infatti viene diviso nei 7 colori di base che formano l'arcobaleno, 7 sono le note musicali e i gradi della scala che producono l'armonia, 7 sono i diesis come 7 i bemolle, 7 le chiavi musicali e i registri vocali comprensivi di voci bianche. 7 sono i veli della danza, le chiavi dell'Universo, le porte del sogno, i gangli spinali, le ghiandole endocrine, i livelli degli elettroni attorno al nucleo. I Romani, nel recinto della città che sarebbe diventata la capitale del mondo antico occidentale, non ammisero che 7 colline conosciute come i 7 colli, lasciando le altre fuori le mura. Romolo, Numa Pompilio, Tullo Ostilio, Anco Marzio, Tarquinio Prisco, Servio Tullio e Tarquinio il Superbo, furono i 7 re che governarono la città eterna. Costantinopoli, la seconda capitale dell'impero, quello d'Oriente, venne anch'essa costruita su 7 colline.

Secondo gli antichi misteri religiosi, le dolorose vicende dell'anima, al fine di sfuggire all'amplesso della materia e tornare a congiungersi e sommergersi nella plenitudine dell'Essere Sommo, si compivano per 7 gradi, dovevano risalire 7 sfere planetarie. Sono 7 le Pleiadi come 7 le stelle che compongono l'Orsa Maggiore e altrettante quelle che formano l'Orsa Minore. Giuseppe, spiegando in Egitto i sogni del faraone, parlò di 7 vacche grasse e di 7 vacche magre. Sono 7 i dormienti; 7 i dolori di Maria Vergine con il cuore trafitto da 7 spade.

E ancora, 7 come le età, a partire dagli umori lunari dell'infanzia, di coloro che recitano il monologo del malinconico Jaques in *Come vi piace* di Shakespeare e che, fondandosi sui periodi planetari della vita, accolgono il visitatore di "The art side of Kartell". Le voci senza volto di Martyn, Bertie, Jonty, Oliver, Rowland, Bill, Alfie accompagnano le 7 sedie luminose di Bob Wilson e fanno strada lungo l'avvicendarsi di storie e passaggi, numeri d'archivio e cataloghi, immagini e progetti, prototipi e oggetti, come dell'organizzazione sia del ricordo che delle sue ragioni, sia della memoria che del tempo.

Ouroboros, il mitico serpente che morde la sua stessa coda, figura che da tempi immemorabili rappresenta il ciclico susseguirsi di distillazioni e condensazioni, struttura l'andamento del percorso espositivo. Il cammino si avvia con alcune sedie e si conclude altrettanto con altre sedie. Indizi di luce le prime, nel buio completo di ogni principio, tese all'ascolto di voci, tracce di presenze le ultime, dissolte e anestetizzate nella forma dal bagliore del loro stesso brillare. L'oggetto sedia, fortemente legato alla forma del corpo umano e da sempre vissuto come un elemento succedaneo e accessorio dell'arredamento, quasi incapace di una sua autonomia comunicativa, apre e chiude un cerchio perfetto, travalicando la propria funzione primaria. Nasce nel buio e finisce in pura gloria di luce.

Rita Selvaggio

OUROBOROS

Through the artifice of references, connections and processes for the redefining of the image system and its interpretation in the post-ideological epoch, the exhibition route of *The art side of Kartell* offers up a fragmentary, ductile dimension, deliberately timeless and yet capable of restoring a sense of time that is neither organic nor linear, but dreamlike and surreal. Breaks, rips and voids, virtual unrealities come thick and fast in an osmosis of intermediate and transitory states, articulating a drama of multiple information. Impalpable visions of landscapes, immaterial languages and physical bodies are superimposed on shreds of ordinary, domestic memory and on the materials of everyday life.

Deploying an interdisciplinary approach and method, Kartell celebrates its 7 decades of history with an exhibition that not by chance revolves around and has at the centre of its layout the number 7. 7 as in the days of the week, as in the deadly sins, as in the Snow White's dwarves and as in many other things, such as 7UP, the well-known lemon-and-lime-flavoured fizzy drink, upon which Bob Wilson comments ironically in his *7 Electric Chairs... As you like it!* (2011).

7 is a number that, in nature, denotes the periodicity of phenomena. The spectrum is split into the 7 basic colours that form the rainbow, there are 7 musical notes, 7 degrees of the musical scale that produce harmony, there are 7 sharps and 7 flats, 7 musical keys and 7 voice types, including boy sopranos. There are 7 veils in the dance, 7 keys to the Universe, 7 gateways to dreams, 7 spinal ganglions, 7 endocrine glands, 7 levels of electrons around the nucleus. Within the enclosure of the city that would go on to become the capital of the ancient Western world, the Romans admitted only the 7 hills, leaving others outside the city walls. Romulus, Numa Pompilius, Tullus Hostilius, Ancus Marcius, Lucius Tarquinius Priscus, Servius Tullius and Lucius Tarquinius Superbus were the 7 kings who ruled the Eternal City. Constantinople, the second capital of the empire, that of the East, was also built on 7 hills.

According to the ancient religious mysteries, for the sorrowful vicissitudes of the soul – in order to escape the clutches of the material and once again become one with the fullness of the Highest Being – fulfilment was reached by 7 degrees, 7 planetary spheres had to be scaled. There are 7 Sisters of the Pleiades, and 7 stars that compose the Great Bear and 7 the Little Bear. Interpreting the dream of the Pharaoh in Egypt,

Joseph spoke of 7 fat cows and 7 lean cows. There were 7 sleepers of Ephesus, and the Virgin Mary had 7 Sorrows, her heart pierced by 7 daggers.

7 are the Ages, starting from the lunar temperament of infancy, of those who recite the monologue of the melancholic Jaques in Shakespeare's *As You Like It* and who, basing themselves on the planetary phases of life, welcome the visitor to *The art side of Kartell*. The faceless voices of Martyn, Bertie, Jonty, Oliver, Rowland, Bill and Alfie accompany Bob Wilson's 7 light-infused chairs and lead the way through the series of stories and passages, back issues and catalogues, images and projects, prototypes and objects, as in the organisation both of the recollection and its reasons, of memory and time.

Ouroboros, the mythical snake that swallows its own tail, is a figure that since time immemorial has represented the cyclical succession of distillations and condensations. *Ouroboros* provides the structure for the exhibition route. The pathway begins with some chairs and ends with chairs. The former are "light clues", in the total darkness of every principle, geared towards listening to voices, whereas the latter are traces of presences, dissolved and anaesthetised in their form by the light of their own brilliance. The chair as an object – closely associated with the shape of the human body and always experienced as a substitute and accessory furnishing element, almost incapable of its own communicative autonomy – opens and closes a perfect circle, crossing the limit of its primary function. It is born in darkness and ends in the pure glory of light.

Rita Selvaggio

Ron Arad (Tel Aviv, Israel, 1951)
Stefano Arienti (Mantova, 1961)
Gae Aulenti (Palazzolo
dello Stella, Udine, 1927 –
Milano, 2012)
Bruno Aveillan (Toulouse, France,
1968)
Aldo Ballo (Sciacca, Agrigento,
1928 - Milano, 1994)
Gian Paolo Barbieri (Milano, 1938)
Gabriele Basilico (Milano,
1944-2013)
Vanessa Beecroft (Genova, 1969)
Kerstin Brätsch (Hamburg, 1979)
Maurizio Cattelan (Padova, 1969)
André Charles (New York, 1968)
Fabio Cherstich (Udine, 1984)
Don Cunningham (Boston, 1929 -
New York, 2016)
Enrico David (Ancona, 1966)
Tristan Eaton (Los Angeles, 1978)
Agenore Fabbri (Quarrata,
Pistoia, 1911 - Savona, 1998)
Lucio Fontana (Rosario di Santa
Fé, Argentina, 1899 - Varese,
1968)
Barnaba Fornasetti (Milano, 1950)
David Frankel (New York, 1959)
Adrien Fregosi (Sète, France,
1980)
Uberto Frigerio (Cernobbio, Como,
1955)
Maurizio Galimberti (Como, 1956)
Giovanni Gastel (Milano, 1955)
Isa Genzken (Bad Oldesloe,
Germany, 1948)
Massimo Giacon (Padova, 1961)
Milton Glaser (New York, 1929)
Morten Norbye Halvorsen
(Stavanger, New Zealand, 1980)
Nelly Hoffmann (Poissy, France,
1988)
KAYA – Kerstin Brätsch,
Debo Eilers (founded in 2010)
Lenny Kravitz (New York, 1964)
David LaChapelle (Simsbury,
Connecticut, 1963)

Karl Lagerfeld (Hamburg, 1938 -
Paris, 2019)
Ferruccio Laviani (Cremona, 1960)
Armin Linke (Milano, 1966)
Pio Manzù (Bergamo, 1939 -
Brandizzo, Torino, 1969)
Beatrice Marchi (Gallarate,
Varese, 1986)
Javier Mariscal (Valencia, 1950)
Jean-Marie Massaud (Toulouse,
1966)
Jean-Baptiste Mondino
(Aubervilliers, France, 1949)
Helmut Newton (Berlin, 1920 -
Los Angeles, 2004)
George Nuku (Hastings, 1964)
Filippo Panseca (Palermo, 1940)
Riccardo Paratore (Eutin,
Germany, 1990)
Cinzia Ruggeri (Milano, 1945)
Roberto Sambonet (Vercelli,
1924 - Milano, 1995)
Denis Santachiara (Campagnola,
Reggio Emilia, 1950)
Annig Sarian (Milano, 1932)
Ataru Sato (Chiba, Japan, 1986)
Snarkitecture – Alex Mustonen,
Daniel Arsham, Ben Porto
(founded in New York in 2008)
Ettore Sottsass (Innsbruck,
1917 - Milano, 2007)
Luca Stoppini (Milano, 1961)
Emilio Tadini (Milano, 1927-2002)
tokidoki - Simone Legno, Pooneh
Mohajer and Ivan Arnold (founded
in Los Angeles in 2005)
Davide Trabucco (Bologna, 1987)
Francesco Vezzoli (Brescia, 1971)
Ellen von Unwerth (Frankfurt,
1954)
Bruce Weber (Greensburg,
Pennsylvania, 1946)
Pharrell Williams (Virginia
Beach, Virginia, 1973)
Robert Wilson (Waco, Texas, 1941)
Heimo Zobernig (Mauthen, Kärnten,
1958)